KB262304

이삭을 줍겠나이다

오승재

1933년 전남 강진 출생. 한남대학교를 거쳐 북 텍사스 주립대학 박사학위를 받았다. 현재 한남대학교 명예교수로 재직 중이며 기독교문인협회 회원, 장로문인협회 부회장으로 활동 중이다. 1959년 한국일보 신춘문예 소설 부문 당선, 한국문학비평가협회 작가상 수상, 제9회 장로문학상 수상 경력이 있다. 주요 저서로는 『오 신실하신 주』(간증), 『화끈한 예화』(역서), 『개구리 왕국』(콩트집), 『인돈 전기』(전기, 공저), 『신 없는 신 앞에』(단편집), 『말씀 묵상 52주와 기도』, 『야곱의 사닥다리는 하늘에 닿았는가』(묵상집) 등이 있다.

묵상과 기도

이삭을 줍겠나이다

초판1쇄 인쇄 2008년 12월 12일 | **초판1쇄 발행** 2008년 12월 19일
지은이 오승재 | **펴낸이** 최종숙
편집 김지향 | **펴낸곳** 글누림출판사
등록 제303-2005-000038호(등록일 2005년 10월 5일)
주소 서울시 서초구 반포4동 577-25 문창빌딩 2층
전화 02-3409-2055(편집) 02-3409-2058(영업) | **FAX** 02-3409-2059
홈페이지 www.geulnurim.co.kr | **이메일** nurim3888@hanmail.net
ISBN 978-89-91990-03-6 03230
정가 8,000원

* 잘못된 책은 교환해 드립니다.

묵상과 기도

이삭을 줍겠나이다

오승재

글누림

추천의 글

이중수 목사

  오승재 장로님의 말씀 묵상은 짧으면서도 핵심이 있고 쉬우면서도 깊이 있는 교훈을 담은 글입니다. 본 묵상은 신학자들의 어려운 이론도 아니고 흔히 들을 수 있는 구태의연한 설교도 아닙니다. 오승재 장로님의 사회적 경력은 결코 낮은 것이 아니지만 말씀의 묵상에서 나온 글들은 겸비하고 친근하며 크리스천으로서의 맑은 성품이 배어 있습니다.

  성경의 이해는 학적인 배경만으로는 부족합니다. 성경의 진리는 인생의 굴곡과 삶의 연륜을 거치면서 더욱 깊게 깨달아지고 확인됩니다. 그래서 우리들은 믿음의 어른들이 성경과 함께 평생을 살면서 묵상한 말씀들에 귀를 기울여야 합니다.

이중수 목사 월간 강해지『양들의 식탁』총무이며, 저서로는『하나님의 무지개』,『여백의 하나님』,『믿음의 정상』,『선지자의 침묵』,『하나님의 사람들』,『슬픔이 변하여 춤으로』등이 있으며 역서로는『구원의 핵심』,『복음의 핵심』,『주님은 나의 최고봉』등이 있다. 이 추천의 글은 이 목사님의 허락을 얻어 지난『야곱의 사닥다리는 하늘에 닿았는가』에 실렸던 추천의 글을 다시 실은 것이다.

오승재 장로님의 묵상집은 숲 속의 샘터를 연상케 합니다. 요즘은 여러 매체를 통해 말씀의 홍수가 범람하는 시대입니다. 그런데 홍수는 맑지 못한 것이 특징입니다. 홍수 물은 아무도 마시지 않습니다. 그러나 겉으로 보면 이상이 없어 보일지 몰라도 물의 근원은 홍수 물인 경우도 많습니다. 하지만 산골짝에 고이는 작은 샘터는 사람들의 눈에 잘 띄지 않을지라도 갈증을 푸는 데에는 가장 시원한 물입니다. 독자 여러분께서 『이삭을 줍겠나이다』의 맑은 샘터에서 날마다 한 모금씩 마시며 생각하고 느껴 보노라면 보다 나은 하루의 삶을 위한 영적 길잡이를 만나게 될 것입니다.

좋은 글은 신앙생활에 큰 도움이 됩니다. 오승재 장로님의 묵상의 생수가 독자 여러분의 심령 속에 영적 생기를 불어넣고 주님에 대한 사랑의 삶을 더욱 격려해 주리라 믿습니다.

머리말

　저는 이 글을 쓰면서 제가 예수님이 누구신지 아직도 잘 모르고 있다는 것을 깨달았습니다. 물론 아는 지식이 믿음을 말하는 것은 아닙니다. 톨스토이의 단편에 '세 은자'라는 것이 있습니다. 어떤 승정(僧正)이 배를 타고 이름 없는 섬 가까이를 지나다가 토굴에 세 은자가 살고 있다는 말을 듣고 배를 정박하게 하고 작은 배로 그 섬을 방문합니다. 그런데 하나님 같은 분이라고 소문이 난 그 수도사들은 기도하는 것도 모르고 있었습니다. 승정이 그들을 축복하자 그들은 승정의 발에 입 맞추었습니다. 승정은 안타까워 주기도문을 암송하도록 가르쳤습니다. 밤이 되기까지 가르쳤는데 그들은 암송하지 못하였습니다. 백 살도 넘는 분이 있는 수도사들이었기 때문입니다. 겨우 마치고 배로 돌아온 승정은 얼마 안 가서 바다 위로 무엇인지 하얗게 반짝이는 것이 급하게 다가오는 것을 보았습니다. 바다 위로 달려오는 세 은자들이었습니다. 은자들은 배까지 다가오자 "하나님의 종이시어, 우리는 당신의 가르침을 잊어버렸습니다.

다시 한번 가르쳐 주십시오."라고 말했습니다. 그러자 승정은 "당신들을 가르칠 자는 내가 아닙니다. 당신들이 우리들 죄인을 위하여 기도해 주십시오."라고 했다는 줄거리입니다.

하나님과의 영적인 교제는 지식에서 오는 것은 아닙니다. 그러나 말씀 안에서 주와 같이 살고 있지 않으면 우리는 기독교를 세상의 사교와 혼돈하여 구원의 핵심을 잃어버리게 된다고 생각합니다. 저는 성경을 읽다가 보물이라고 생각되는 곳을 발견하면 매주 나름대로 깨달은 것을 한 꼭지씩 적어 제 홈페이지에 올려 놓습니다. 또 제 주변을 스쳐가는 믿는이들의 믿음의 양상을 스케치하기도 합니다. 이것들은 저에게 영의 양식을 공급했습니다. 그래서 이 말씀들을 여러분과 나누고 싶습니다.

이번 책은 이런 취지의 세 번째 시리즈입니다. 평소에 제 글을 읽고 격려해 주시고 후원해 주신 분들께 감사드립니다. 또 이 책을 내려고 할 때 비문을 바로 잡고 불분명한 내용 하나 하나를 지적해 주시고 감수해 주신 분들께 감사를 드립니다.

이번에 인용한 성구는 독자들의 이해를 돕기 위해 표준 새번역을 선택했음을 알려 드립니다.

특히 추천의 글을 써주신 이중수 목사님과 이 출판을 맡아 주신 글누림출판사의 최종숙 사장님께 감사를 드립니다.

2008년 12월 오승재

차례

묵상

기도

묵상

이삭을 줍겠나이다

모압 여인 룻이 나오미에게 이르되 원하건대 내가 밭으로 가서 내가
누구에게 은혜를 입으면 그를 따라서 이삭을 줍겠나이다 하니 나오미가
그에게 이르되 내 딸아 갈지어다 하매…

룻 2 : 2

룻은 시어머니를 따라 베들레헴으로 와서 보리 추수 때 이삭을
줍다가 보아스의 밭에 이르게 되었습니다. 이것이 계기가 되어 그
와 결혼하고 다윗의 증조모가 된 것입니다. 그녀가 주운 이삭은 보
통 이삭이 아니고 황금이삭이었습니다. 하나님께서는 구주 예수의
조상을 맺어주는 데 화려한 이벤트를 예비하지 않으시고 이삭을 줍
게 하셨습니다.

이중수 목사가 쓴 룻기에 대한 강해서 "슬픔이 변하여 춤으로"라
는 것을 읽으면 예수님도 이삭을 주웠다고 쓰고 있습니다. 예수님
은 우상 숭배로 버려진 땅 사마리아에서 버려진 우물가의 여인을
이삭으로 줍습니다. 어부들과 세리를 찾아 열두 제자를 이삭으로
줍습니다. 마지막 십자가에 돌아가시는 최후의 순간에도 함께 십자

가에 못 박힌 강도를 이삭으로 줍습니다.

죄의 짐을 스스로 벗을 수 없는 불쌍한 죄인을 구원하기 위한 위대한 사명을 띠고 지상에 오신 예수님이 왜 이렇게 이삭을 줍고 있었는지 알 수가 없습니다. 삼 년 동안의 짧은 기간에 복된 말씀을 전하고 가려면 매일 대규모 집회를 해도 모자랄 텐데 이삭이나 줍고 있었다니 웬말입니까? 미국의 청년 사역자 제버트(Mark Jevert) 씨는 다음과 같은 예화를 들었습니다. 예수님이 비참하게 십자가에 돌아가시고 천국에 갔을 때에 천사 가브리엘과 예수님이 나눈 대화인데 간추리면 다음과 같습니다.

"지상의 사람들은 하나님께서 그들을 얼마나 사랑하셨는지 그리고 주께서 그들을 위해 무엇을 하셨는지 충분히 알았습니까?"

"아직은 모르지. 지금은 오직 손가락으로 셀 만한 사람들만 알고 있어"

"그럼 지상에서 무얼 하고 오셨습니까?"

"나는 베드로와 야고보와 요한 그리고 몇몇 사람에게 나에 대해서 다른 사람들에게 말해 주라고 했을 뿐이야."

"그들이 지치고 피곤해지면 어떻게 합니까? 훗날에 사람들이 너무 바빠져서 다른 사람의 이야기 따위는 들을 시간이 없으면 어떻게 합니까?"

"그러나 나는 그들을 믿고 있어."

예수님께서 가신 길은 인간이 가고 싶은 길과는 너무 다릅니다.

우리는 답답합니다. 온 세계를 복음화해야 하는 이때에 예수님께서 하신 일은 너무 하찮은 일 같습니다. 제자들이 입을 다물면 복음은 바로 자취를 감추고 기독교는 끝나는 일입니다. 만일 주께서 하나님 윗편에 앉아 계시고 살아 계신다면 지금이라도 지상으로 내려오셔서 대중매체인 영상을 통해 일주일만 집회를 해 주신다면 온 세계가 타 종교를 다 버리고 기독교로 개종할 것입니다. 빨리 그렇게 진행되었으면 하고 생각합니다.

그러나 예수님은 현재와 재림의 때까지를 공백으로 남겨 우리에게 주고 가셨습니다. 그 기간 동안에 무슨 일이 어떻게 일어난다고 계획표를 만들어 보여 주지 않으십니다. 그 공백에서 구원을 받고 성전이 된 우리가 성령의 지시를 따라 주의 성전으로 만들어져 가는 그림을 그리라고 하십니다. 주께서는 우리에게 서두르지 말고 주어진 은사대로 주를 본받아 이삭을 착실히 주우리고 말씀하시는 것이 아닐까요?

버스에 페인트 칠을 하여 대형집회를 선전하고 다니는 것을 봅니다. 저는 그 버스를 곁눈질하며 '나도 한번 나가볼까' 하는 생각을 합니다. 그곳에 가면 이삭이 아니고 아예 보릿단을 가져 올지도 모릅니다. 빨리 하나님의 뜻을 알 수 있으며, 교회가 부흥하며, 복 받고 건강하게 살 수 있을 뿐 아니라 방언과 신유의 은사를 받을 수 있는지도 모릅니다. 그러자 보아스가 룻에게 이르듯(룻 2:8) 하나님께서 저에게도 말씀 하시는 것 같습니다.

"내 아들아 들으라. 이삭을 주우러 다른 밭으로 가지 말며 여기서 떠나지 말라."

하나님을 아는 것은 보릿단을 줍는 것이 아니고 말씀 가운데 하나님께서 흘려주신(룻 2 : 16) 이삭을 감격하여 줍는 일입니다. 우리가 작은 일에 충실하지 못하고 곁눈질하는 것은 주께서 가증스럽게 여기시고 바울이 안타까워 견딜 수 없어 하는 것인지도 모릅니다.

저는 제가 지금까지 주께 은혜를 입었으며 또 지금도 입고 있다면 오늘도 저를 위해 주께서 보릿단에서 빼내어 흘려주신 이삭을 줍기를 소원하며 하루를 시작하고 또 황금이삭을 주우면서 그 은혜에 감사하며 살겠습니다.

 기도

은혜로우신 주님, 오늘도 이삭을 흘려주십시오. 제가 줍겠나이다. 아멘.

장래 일을 하나님만 아십니다

오늘이나 내일 어느 도시에 가서, 일 년 동안 거기에서 지내며, 장사하여 돈을 벌겠다 하는 사람들이여, 잘 들으십시오. 여러분은 내일 일을 알지 못합니다. 여러분의 생명이 무엇입니까? 여러분은 잠깐 나타났다가 사라져 버리는 안개에 지나지 않습니다. 도리어 여러분은 이렇게 말해야 할 것입니다. "주께서 원하시면, 우리가 살 것이고, 또 이런 일이나 저런 일을 할 것이다." 그런데 여러분은 지금 우쭐대면서 자랑하고 있습니다. 이와 같은 자랑은 다 악한 것입니다.

약 4 : 13-16

새해가 되면 교회에서는 송구영신 예배를 드리면서 새해에 하나님께 소망하는 것을 아뢰라고 합니다. 어떤 사람은 머리를 깎기도 하며 금식을 하면서 서원 기도를 하는데 그 내용을 살펴보면 대개 자기 자신이나 가족, 특히 자녀의 안위를 위한 것이 많습니다. 간혹 선교사 지망을 두고 하나님께 매달리는 사람도 있습니다. 저는 정월 초하루에 특별히 해야 할 서원을 못 찾는 형편입니다. 그런데 하나님께서 새해에 네가 꿈꾸는 소원이 무엇이냐라고 꼭 하나만 대라고 하신다면 "기도를 쉬는 죄를 범하지 말게 해 주십시오." 이렇게 대답하고 싶습니다. "나와 대화하려면 그건 당연하지. 그러나 솔로몬 같은 기도 말고 평범한 사람이 하는 기도는 없느냐?"라고 물으시면 이런 대화를 하고 싶습니다.

"9 · 9 팔팔 2 · 3사 하게 해 주십시오."

"그렇게 오래 살아서 뭘 하게?"

"그럼, 하나님 뜻대로 해주세요. 다만 2 · 3사나 하게 해 주십시오."

"그것도 네 마음대로 할 수 없느니라."

"그럼, 그것도 하나님 뜻대로 해 주십시오."

결국 새해의 소원은 하나님 뜻대로 인도해 주시라는 것이 될 것 같습니다. 나이가 들어 제게서 말씀과 믿음과 비전이 사라진 것일까요? 야고보서를 보면 "오늘이나 내일 어느 도시에 가서, 일 년 동안 거기에서 지내며, 장사하여 돈을 벌겠다 하는 사람들이여." 하고 경고하고 있는 장면이 나옵니다. "너희가 시간을 마음대로 할 수 있느냐? 생명을 마음대로 할 수 있느냐? 하고 싶은 일을 마음대로 할 수 있느냐? 다 헛된 짓이다."라고 말하고 있는 것 같습니다. 그럼 아무 비전도 없이 살아야 할까요? 아닙니다. 우쭐대고 자랑하지 말라는 것입니다.

지금까지 실패한 일을 내년에는 성공한다고 스스로 장담하고 허풍을 떨지 말라는 말입니다.

속된 과거 이야기를 하나 해볼까요? 저는 20대에 미국에 유학을 하고 싶다고 막연히 생각하고 그것을 소망하고 살았습니다. 그런데 우연히 풀브라이트 장학회에서 한국에서 과학, 수학 교사 두 사람을 뽑아 하와이에 유학을 시키는데 각 시 · 군에서 두 사람씩 추천, 최종 선발한다는 통지가 왔습니다. 이때 우리 시에서는 공립학교에

한 사람, 사립학교에 한 사람씩을 배정했는데 제가 있는 사립학교가 그중의 하나였던 것입니다. 그러나 저는 지망할 처지가 되지 못했습니다. 이 학교에 근무하다가 이 년이나 휴직하고 대학을 다니고 돌아온 지 얼마 되지 않았기 때문이었습니다. 물리 선생을 추천했는데 근무연한 미달로 서류가 반려되었습니다. 너무 아까운 기회인데 꼭 된다는 보장도 없으니 제가 신청을 해 보겠다고 교장 선생께 사정하여 시험을 보게 되었습니다. 그런데 제가 뽑힌 것입니다.

견문을 넓히는 것은 하나님을 찾는 데 큰 유익이 되었습니다. 저는 하나님의 목적에 이끌려 사는 삶이라는 것이 어떤 것인가 하는 것을 뒤늦게야 깨달았습니다. 우리 믿는 사람들의 종말은 하나님의 품인 것을 우리는 알고 있습니다. 그 최종 목표까지의 과정도 우리는 우리 뜻대로 우쭐대며 자랑하고 내 마음대로 살 수 없습니다. 우리 모두에게는 믿는 순간부터 성령께서 내재해 계십니다. 우리가 성령을 소멸하지 않는 이상 그분께서는 우리에게 비전을 주시며 이 성령에 이끌리어 우리는 살고 있다고 저는 확신합니다.

하나님과 교제하는데 1월 1일만 특별한 날이 아닙니다. 날마다 하나님께서 길을 인도해 주시기를 빌어야 한다고 생각합니다.

 기도

나의 왕, 나의 하나님, 내가 소원하는 것이 허탄한 자랑이 되지 않게 해 주십시오. 아멘.

두려워 말라

한 해를 마치고 새해를 맞는 지점에서 꼭 듣고 싶은 하나님의 음성은 '두려워 말라'는 것입니다. 지난 시간은 돌아볼 수 있지만, 다가오는 시간은 불확실한 미지의 안개로 덮여 있기 때문입니다. 하나님께서 '두려워 말라'고 하신 경우는 제가 느끼기로는 세 가지 경우가 있습니다.

첫째는 자기가 해결할 수 있는 한계를 넘는 극도의 불안 가운데 방성대곡을 할 때 하나님께서 '두려워 말라'고 위로하시는 경우입니다. 하갈이 아들과 함께 쫓겨나서 마실 물도 떨어지고 기도할 말도 잃었을 때 아이도 울고 어머니도 소리를 내어 울었습니다. 그 때 하나님께서 그 아이의 울음소리를 들으시고 "하갈아, 어찌 된 일이냐? 무서워(두려워)하지 말아라."(창 21 : 17)고 하셨습니다.

두 번째는 앞날이 불안하여 하나님의 뜻을 물을 때입니다. 야곱이 모든 소유를 팔아 애굽으로 가기로 결정하고 브엘세바에서 제사를 드렸습니다. 아들 요셉이 있다고는 하나 하나님께서 약속하신 땅을 떠나 애굽으로 가는 일이 너무 걱정되었던 것입니다. 이때 하나님이 "이집트로 내려가는 것을 두려워 말라"(창 46 : 3)는 음성을 들려 주셨습니다.

세 번째는 여호수아에게 들려주신 '두려워 말라'는 음성입니다. 그는 모세를 대신해서 이스라엘의 지도자가 되었을 때 하갈처럼 두려워 소리내어 울지도 않았고 "내가 이스라엘 지도자가 될 수가 있을까요?" 하고 하나님께 묻지도 않았습니다. 그러나 하나님께서는 이스라엘 백성을 이끌고 가나안 땅으로 들어가라고 여호수아에게 말씀하시며 "굳세고 용감하라. 너는 두려워하거나 낙담하지 말아라. 네가 어디로 가든지, 너의 주, 나 하나님이 함께 있겠다 "라고 말씀하셨습니다. 그는 예비된 지도자요 만들어진 지도자였습니다. 그는 애굽에서 살았으며 애굽을 떠나 홍해를 건너는 기적을 체험한 사람입니다. 광야에서 첫 대적 아말렉을 만나 싸울 때 모세의 손이 올라가면 그들이 이기고 내려오면 그들이 지는(출 17 : 12) 것을 보며, 자기가 싸우지만 실제로는 하나님께서 뒤에서 싸우시는 것을 깨달은 장수였습니다. 그는 모세가 호렙산에서 십계명을 받을 때 수종을 들었던 사람이기도 합니다(출 24 : 13). 모세가 여호와의 장막에서 하나님과 대화할 때 백성들은 다 장막문에 서서 예배하다가 모세가 나오면 흩어져 자기 장막으로 들어갔지만 여호수아는 결코 장막을 떠나지 않고 지켰던 사람입니다(출 33 : 11). 그는 또한 가나안을 정탐하고 돌아왔을 때, 그들이 거인일지라도 하나님이 함께 하시면 그들은 이스라엘 백성의 밥이라고(민 14 : 9) 단호하게 말했던 사람입니다.

이렇게 하나님이 어느 때이고 쓸 수 있도록 그를 지도자로 훈련하셨습니다. 이와 같이 주님으로 말미암아 예비된 사람은 그가 구하기 전에 '두려워 말라'고 주께서 용기를 주시는 것 같습니다.

새해에 권고사직이 있을지라도, 무서운 병이 찾아올지라도, 예고하지 않은 재난이 찾아올지라도 언제나 하나님의 말씀으로 무장하고 깨어 있으면 주께서 우리에게 "강하고 담대하라. 두려워하지 말며 놀라지 말라. 네가 어디로 가든지 네 하나님 여호와가 너와 함께 하느니라."고 말씀하실 것입니다.

기도

우리의 빛이 되신 하나님, 이 한해도 "두려워하거나 낙담하지 말아라."는 말씀을 붙잡고 살아가게 해 주십시오. 아멘.

구원의 소나기

내가 눈을 들어 산을 본다. 내 도움이 어디에서 오는가? 내 도움은 하늘과 땅을 만드신 주님에게서 온다.

시 121 : 1-2

저는 지난 6월, 차를 렌트해서 캐나다의 동북부에 있는 노바스코샤를 여행했습니다. 이곳은 대서양을 바라보고 있는 최 동북단으로 호화신 타이다닉 호가 피션된 곳에 가장 가까운 연해(沿海)주입니다. 우리는 아무 탈 없이 미국의 보스턴에서 출발하여 캐나다의 뉴브른스빅, 프린스 에드워드 섬, 그리고 노바 스코샤의 북단에 있는 캐이프 브레턴 공원을 돌아 약 3,000마일을 문제없이 운전하고 다녔습니다. 그런데 마지막에 돌발 사고가 생긴 것입니다. 생각해 보면 칠십대 중반인 두 부부가 아는 사람이 아무도 없는 외국의 먼 연해(沿海)주를 운전하고 다녔으니 너무 무모하고 아찔한 일이었습니다. 그때까지 우리에게는 아무런 일이 생기지 않을 것이라고 자만하여 여행을 하고 다녔던 것입니다.

공항 근처의 호텔에 숙소를 정하고 노바스코샤의 수도인 핼리팩스를 관광한 뒤 돌아오는 길이었습니다. 일반 도로에서 고속도로로 진입하는 로터리에서 우회전을 할까 말까 주저하다가 오른쪽으로 급선회를 했는데 램프의 좀 높은 턱에 걸려 바퀴가 펑크 났습니다. 차를 세우고 어찌할 바를 몰라 911(한국의 119)에 전화를 걸었습니다. 위치를 물었는데 저는 그곳이 어디인지 정신이 멍했습니다. 핼리팩스 도심에서 공항으로 가는 고속도로라고 했더니 다시 이 전화번호로 연락하겠다고 말하고 끊었습니다. 아는 사람이 아무도 없는 이 도시에서 어떻게 해야 하나 막연하였습니다. 차 트렁크를 열고 깜박이를 켠 후 우선 교통정리를 하고 있었습니다. 그러자 지나가던 한 운전자가 차를 세우고 도움이 필요하냐고 물었습니다. 구급차에 연락하고 기다리고 있다고 했더니 기다리면 된다고 안심시키고 그냥 지나갔습니다. 이제는 경찰이 연락을 해 왔습니다. 정확한 위치가 어디냐는 것이었습니다. 저는 정확한 위치가 어디인지 알 수가 없었습니다. 망연자실하고 있는데 한 여성이 차를 세우고 도움이 필요하느냐고 말했습니다. 저는 그녀에게 전화를 돌려주고 위치를 좀 일러주라고 말했습니다. 그녀는 어느 회사에서 차를 빌렸는지 또 어느 회사보험인지 묻고 경찰에게 연락한 뒤 떠났습니다. 너무 고마웠습니다. 다시 경찰을 기다리고 있는데 한 청년이 차로 다가왔습니다. 어떻게 되었느냐고 묻고는 펑크난 것을 보자 거침없이 트렁크에서 도구를 끌어내더니 차를 들어 올리고 바퀴를 갈아끼우기 시작했습니다. 이때 경찰이 왔습니다. 그들은 젊은이가 차를 고치고 있는 것을 보고 저에게 사고 난 경위와 가입한 보험회사를 묻더니 여기저기 전화를 해본 뒤 보험 청구를 하라고 말하고 떠나 갔습니다. 젊은이는 제가 한국 사람이라고 말했더니 어쩐지 그런 것 같았다고 말하며 즐거운 표정으로 잘 도와주었습니다.

젊은이의 도움으로 스페어 타이어를 갈아 끼웠지만 그날은 주말이어서 어디로 가서 정식 타이어로 갈아 끼울지 막연하였습니다. 그런데 그 젊은이는 자기를 따라오라고 말하며 정비소로 데리고 갔습니다. 그러나 주말이어서 그 정비소가 더 이상 손님을 받을 수가 없다고 했습니다. 나는 그 젊은이가 자기는 바쁘니 이제 가야겠다고 하면 어쩌나 하고 걱정했습니다. 그런데 그는 괜찮다면서 다른 곳을 수소문해서 찾아갔습니다. 드디어 주말에도 일하는 한 정비소를 찾아 타이어를 갈아 끼울 수 있었습니다.

도대체 이 젊은이는 누구인가? 소나기처럼 계속 쏟아지는 구원(도움)은 어디서 오는 것일까? 저는 너무 고마워 젊은이의 손을 잡았습니다. "당신은 하나님께서 나에게 보내주신 천사입니다." 저는 그때 "그가 너를 위하여 그의 천사들을 명령하사 네 모든 길에서 너를 지키게 하심이라"(시 91 : 11)는 시편 말씀을 갑자기 생각해 냈기 때문이었습니다. 이 시편은 911에 1자가 더 붙은 91 : 11로 외우기 쉬운 장절이었습니다. 그러자 그는 자기 아내가 한국의 광주에서 영어를 가르치고 있다고 말했습니다. 그러니 자기의 친절을 너무 의외로 생각하지 말라는 것이었습니다. 그렇다 하더라도 그 순간에 하나님께서는 어떻게 저에게 꼭 필요한 그런 청년을 보내주실 수 있었는지 너무 감사할 뿐이었습니다. 이렇게 소나기처럼 쏟아지는 구원의 손길은 인간의 지각을 뛰어넘는 형용할 수 없는 감동이었습니다. 후에 아내는 제가 그렇게 당황하는 동안 차 안에서 계속 기도하고 있었다고 고백했습니다.

시 121편에 보면 도움(1~2절)과 지키신다(3~8절)는 말이 각 절에 두 번씩 나타나 있습니다. 웅장한 산을 보고 있으면 도움은 꼭 거기에서 오는 것처럼 느낄 수도 있습니다. 그러나 산이 제 아무리 웅장하고 장엄하고 신비한 자태를 하고 있다고 할지라도 생명이 없는 산에서 무슨 도움이 오겠습니까? 이 도움이 자연을 넘어 저 먼 곳에서 자기를 지키시는 하나님에게서 온다는 것을 깨닫는 시인의 고백은 저에게는 너무 아름답게 느껴졌습니다.

 기도

주여, 우리를 도우시는 하나님의 뜻을 깨닫게 해 주십시오. 아멘.

백발이 될 때까지 품으시는 하나님

너희가 늙을 때까지 내가 너희를 안고 다니고, 너희가 백발이 될 때까지 내가 너희를 품고 다니겠다. 내가 너희를 지었으니, 내가 너희를 품고 다니겠고, 안고 다니겠고, 또 구원하여 주겠다.

사 46 : 4

젊어서는 우리가 얻고 누리지만 늙으면 우리는 잃어가며 추억에 살게 됩니다. 직장을 잃고, 친구를 하나씩 떠나보내며, 시력을 잃고, 정력을 잃고, 기억력도 잃어갑니다. 이도 하나씩 빠지게 됩니다. 이렇게 잃고 있으면 비참한 생각이 들고 세상을 사는 기쁨이 없어질 수도 있습니다. 어떤 분은 건강 검진을 하지 않는다고 합니다. 이제 모든 소망이 끊어졌으니 빨리 죽어야 한다는 것입니다. 아파야 죽는 것인데 아프지 않으려고 애쓸 필요가 없다고 합니다. 안 죽으려고 기를 쓰는 것도 이상하지만 자포자기하듯 되는대로 살다 죽으려는 태도도 옳지 않은 것 같습니다. 잘 사는 방법을 알아야 잘 죽을 수 있으며 잘 죽는 방법을 알아야 잘 살 수 있다는 말도 있습니다.

바벨론의 멸망을 예고한 이사야는 바벨론이 섬기던 우상은 그들을 구원하기는커녕 오히려 짐이 되어 실려 쫓겨나지만(사 46 : 1-2) 이스라엘의 하나님은 배에서 나면서부터 안기고 업힌 이스라엘 백성을 백발이 되기까지 품고 업고 구하여 낼 것이라고 말하고 있습니다.

저는 하나님께서 품고 업고 사랑하시는 것을 노년이 되기까지 실감하지 못하였습니다. 황혼에 벤치에 홀로 앉아 지는 해를 바라보면서 하나님이 저를 어떻게 안아 주는지 느껴보고 싶다고 생각한 적도 있습니다. 그런데 이번에 미국의 자녀들을 이 년만에 방문하면서 하나님께서는 우리를 자녀들을 통해 이렇게 안아 주시는구나 하고 체험하게 되었습니다. 품 안의 자식일 때는 연약하고 위태롭기만 하던 자녀들이 이제는 장성하여 훌륭한 가정을 이루었습니다. 그리고 저보다 키도 크고 몸도 듬직해졌습니다. 공항에서 나를 안아 줄 때 그들의 사랑이 몸무게와 함께 제게 실려 왔습니다. 짐을 거뜬히 들어 옮겨 싣고 우리를 차에 태울 때, 백발이 되어도 하나님께서는 이들을 통해 우리를 이렇게 끝까지 사랑하시는구나 하고 실감하게 되었습니다. 시간을 내어 산책을 같이 해 주면서 아들은 무리하지 않는지, 피곤하지 않은지 나에게 세심한 주의를 기울여 줍니다. 얼마나 황홀한 느낌인지요. 하나님은 지금까지 이렇게 그들을 통해 나를 사랑합니다. 우리를 구원해 주시기 위해서입니다. 노년에도 잃지 않은 것은 하나님의 사랑입니다.

많은 신도들은 물질이 풍족해지자, 소돔과 고모라를 닮아가는 여가생활을 동경하게 되는 것 같습니다. 죽기 전에 보아야 할 것이 너무 많고, 먹고 마시고 즐겨야 할 것이 너무 많습니다. 오래 살고 젊어지기 위해 선전하는 약과 음식을 고가로 사 먹어야 합니다. 그러나 이런 노력들은 하나님의 업어주고 안아주는 사랑을 맛보면 순식간에 허무한 것임을 알게 될 것 같습니다.

 기도

생명의 하나님, 증거하고 찬양할 수 있는 준비된 입술을 주십시오. 아멘.

돕는 사람, 돕는 짝

주 하나님이 말씀하셨다. "남자가 혼자 있는 것이 좋지 않으니, 그를 돕는 사람, 곧 그에게 알맞은 짝을 만들어 주겠다."

창 2 : 18

저는 방향감각이 둔합니다. 그래서 특히 외국에서 운전하고 다닐 때는 아내를 지도를 읽어주는 돕는 짝으로 옆에 앉히고 떠납니다. 돕는 자란 노예나 비서처럼 자기보다 낮은 자리에 있는 사람을 말하는 것이 아닙니다. 시편 기자는 하나님이 우리의 도움과 방패(시 33 : 20), 나의 도움(시 70 : 5), 너의 도움(시 115 : 9)이라고 돕는 분 되심을 노래했습니다.

하나님께서 흙으로 각종 들짐승들과 공중의 새를 지으신 뒤 그 이름 짓는 일들을 아담에게 맡기시고 독처하는 허전함과 불완전함을 돕는 짝으로 메워 주셨습니다. 여자를 하나님이 아담을 돕는 사람으로 짝지어 내려 보내신 것입니다. 예수님은 "따라서 그들은 이제 둘이 아니라 한몸이다. 그러므로 하나님이 짝지어 주신 것을 사람이 갈라 놓아서는 안 된다.”(마 19 : 6)라고 말씀하셨습니다.

우리는 미래를 알지 못하는 두려운 세상에 살고 있습니다. 하나님의 창조질서에 어긋난 삶을 살 때 하나님의 진노가 눈앞에 임하는 세상인데 무지한 만용으로 하나님의 진노를 의식하지 않고 살고 있습니다. 그런 우리에게 꼭 필요한 돕는 짝을 하나님께서는 예비해 두었다가 맺어 주셨습니다. 두 사람끼리 한때 뜻이 맞았다는 것도 아니며, 두 가정이 뜻이 맞았다는 것도 아니며, 온 국민이 바라보는 가운데 왕족이 결혼하듯 만나서 짝지어 준 것도 아닙니다. 그렇지만 아담을 알고 이브를 지으신 것처럼 인간의 어두운 데서 행하는 것까지 아시는(사 19 : 15) 하나님께서 남자에게 돕는 사람, 곧 알맞은 짝을 만들어 주신 것입니다.

저는 이번에 여행하면서 아내가 참으로 돕는 짝이라는 것을 다시 한번 깨달았습니다. 결혼한 지 50년이 되니 아내 시력이 약해져서 이제는 길에 세워진 표지판도 잘 보이지 않습니다. 전에는 아내가 잘 읽던 지도도 이제는 돋보기로 불편하게 읽어야 합니다. 그러나 이 불편한 가운데도 길을 잘 찾아 안내했습니다. 그러면서 우리는 오랫동안 서로 도와 가면서 살아 왔다는 생각을 하게 되었습니다. 아내는 완전히 살아 있는 내비게이터(navigator)입니다. 최근에는 내비게이터가 많이 보급되어 이번에는 이 기계를 붙이고 다녔는데 ‘살아 있는 길 안내자’와 ‘무생물인 길 안내자’가 충돌해서 적지 않게 당황했습니다. 무생물인 길 안내자가 여성의 목소리를 가졌기 때문인지 아내가 너무 날카롭게 네비게이터의 길 안내를 불신했습니다. 30년 이상 저를 도와 준 베테랑 길 안내자인 아내를 어떻게 배신하고 제가 기계 편을 들겠습니까?

요즘은 외로운 노인들을 위해 깜찍한 로봇을 만들어 심심풀이로 놀게 한다는데 로봇이 살아 있는 아내를 대신할 수 있겠습니까? 돕는 짝이 옆에 있는 한 감사하며 무생물인 내비게이터의 노예가 되어서는 안 된다고 생각했습니다. 간혹 실수하는 일이 있다고 할지라도 하나님이 정해 준 짝을 의지하고 지내는 것이 행복하고 즐거운 일입니다.

 기도

은혜로우신 하나님, 하나님께서 저에게 돕는 짝을 주심을 감사합니다. 아멘.

'일등'에 관심이 없는 딸

이와 같이, 꼴찌들이 첫째가 되고, 첫째들이 꼴찌가 될 것이다.

마 20 : 16

미국에 있는 제 손녀는 지금 7학년(중 1)인데 수영을 잘합니다. 수영 코치도 이 아이는 몸이 유연하고 팔도 길고 다리도 길어 선수가 될 자질이 다분한 아이라고 칭찬을 합니다. 그런데 시합에는 내보내지 않습니다. 이유는 간단합니다. 으뜸이 되고자 하는 치열한 경쟁심이 없다는 것입니다. 뒤에서 경쟁자가 따라붙으면 더 힘을 내야 하는데 자기가 방해가 될까봐 양보한답니다. 부모는 속이 탑니다. 그래서 한국에 보내 몇 년 공부를 시켜야 할 것 같다고 합니다. 한국 학생들은 경쟁력이 치열하다는 것을 알고 있기 때문입니다. 남을 누르고 일등을 하려고 두 눈에 불을 밝히는 이야기를 많이 듣기 때문입니다. 어쩌면 한국에 가면 그런 습성이 생겨서 돌아올지도 모릅니다. 이어령 씨 글에도 보면 자기는 서울에서 어떻게 바쁘게 빨리빨리 살았는지 프랑스에 가서 지하철을 타고 내릴 때 모든 사람이 자기를 보고 길을 비켜 주었다고 합니다. 왜 그러는지 몰랐는데 생각해 보니 자기는 보통으로 행동했는데 동작이 너무 빨라서 무슨 급한 일이 있나보다 하고 다 비켜 주었다는 것입니다. 빨리빨리 살던 버릇이 몸에 밴 것입니다. 손녀가 너무 욕심이 없어 이 세상을 어떻게 살아나가겠느냐고 부모는 걱정입니다.

으뜸이 되는 것이 꼭 좋은 것은 아니라고 저는 말해 주었습니다. 성경에는 "누구든지 으뜸이 되고자 하는 자는 너희의 종이 될 것"(마 20 : 27)이라고 말하고 있다고 조급한 마음을 달래 주었습니다. 예수님은 이 말씀을 세베대의 어머니가 자기 두 아들을 주의 나라에서는 주의 우편과 좌편에 앉게 해달라고 부탁했을 때 제자들이 질투하고 분개하는 것을 보고 들려 준 말입니다. 세상에서 으뜸이 되는 것이 하늘나라에서는 또는 하늘나라 백성으로 살고자 하는 자에게는 전혀 중요한 일이 아니라는 이야기입니다. 마태복음 20장 초에는 우리가 더 이해할 수 없는 이야기가 나옵니다. 포도원 주인이 품꾼들을 들여보낼 때 아침 일찍, 9시, 12시, 오후 3시 그리고 오후 5시에 들여보내고 일을 끝나 품꾼들에게 삯을 줄 때는 마지막으로 온 사람부터 똑같이 약속한 대로 한 데나리온씩을 준 것입니다. 세상에서 이런 임금제도를 이해할 사람이 있습니까? 오래 수고한 사람이나 조금 수고한 사람이 같은 삯을 받는 것을 공평하다고 생각하는 사람도 있을까요? 그러나 포도원 주인은 이 삯을 일한 대가로 주는 것이 아니고 주인이 약속한 대로 거저 준 것입니다. 우리 구원이 수고의 대가가 아니고 거저 은혜로 받은 것과 마찬가지입니다. 그래서 저는 속상해 하는 며느리에게 말했습니다.

"인내하고 가다려라. 하나님께서 택하시면 늦은 것 같을지라도 꼴찌들이 첫째가 되고 첫째들이 꼴찌가 될 수 있다."

"하지만 무작정 기다리면 돼요?"

"나는 욕심 없고 순진한 사람을 좋아한다. 하나님께서도 '미리부터 수고할 필요 없다. 5시에도 뽑아줄 것이니까 그때까지 놀고 있어도 된다.' 이렇게 약속하지는 않으셨다. 뽑아주실 때 바로 순종하면 된다. 언제나 불평하지 않아야 한다. 이것이 하늘나라 백성에게 주신 질서가 아니겠니?"

며느리는 머리를 갸우뚱했습니다. 저도 갸우뚱합니다. 하나님의 하시는 일은 알 수가 없기 때문입니다. 다 지난 뒤에 '아! 그러셨구나' 하고 이해하기 때문입니다. 그러나 분명한 것은 손녀를 위해서도 하나님의 뜻이 계신다는 것입니다.

 기도

하늘 보좌에 앉으신 하나님, 하나님의 나라는 먼저 택함을 받은 사람이 차지하고 누리는 곳이 아님을 깨닫게 하소서. 아멘.

독수리에게 배울 수 없을까?

> 마치 독수리가 그 보금자리를 뒤흔들고 새끼들 위에서 퍼덕이며, 날개를 펴서 새끼들을 받아 그 날개 위에 업어 나르듯이, 주께서만 홀로 그 백성을 인도하셨다. 다른 신은 옆에 있지도 않았다.
>
> 신 32 : 11-12

위 글은 신명기에 있는 모세의 마지막 메시지 중에 들어 있는 모세의 마지막 노래입니다. 마치 독수리가 자기 새끼를 훈련한 것처럼 하나님께서 광야에서 이스라엘 백성을 훈련하였음을 시사한 내용입니다. 하나님께서 이스라엘 백성을 하나님의 후손으로(눅 3 : 38) 지극히 사랑하셨기에 가나안을 유업으로 받을 백성으로 살게 하기 위해 독수리처럼 강한 훈련을 시켰다는 것입니다.

독수리는 높은 곳에 둥지를 트는데 몸이 크고 무겁기 때문에 둥지는 1~1.5m 정도로 크다고 합니다. 독수리는 낭떠러지의 뾰족한 바위 끝이나 험준한 데서 먹이를 살피다가(욥 39 : 28) 급강하해서 먹이를 찾아 새끼를 먹이는 데 정성을 다합니다. 그런데 때가 되면 보금자리를 어지럽게 해서 새끼를 불안하게 하고 급기야는 새끼를 높은 곳으로 물고 가 아래로 떨어뜨립니다. 어미 독수리는 밑으로 곤두박질하는 새끼보다 먼저 내려가 날개 위에 그를 업고 올라가 다시 떨어뜨리는 훈련을 거듭한다고 합니다. 갑자기 새끼가 미워졌을까요? 아닙니다. 모세가 이스라엘 백성에게 경고하듯 가까운 장래에 일어날 우상 숭배와 먼 장래에 있을 가나안 유업의 계승을 생각하여 사랑하면서도 이스라엘 백성을 그렇게 훈련했다는 것입니다. 우리 부모들도 독수리에게 이런 지혜를 배울 수 없을까요?

자식 사랑은 아무도 말릴 수 없습니다. 어린애가 아장아장 걷게 되면 자랑하러 친구 집에 갑니다. 걷기 시작한 어린애는 아무것이나 만지고 넘어뜨리며 피아노 건반을 두들깁니다. 친구가 그러면 안 된다고 탓하면 친구를 원망하며 애를 안고 돌아와서 우정에 금이 갑니다. 애를 안고 외식을 하고 돌아오면서 카운터에 있는 과자를 한움큼 줄 때 주인이 나무라면 그렇게 애 자존심을 상하게 하면 어떻게 하느냐고, 그까짓 과자값 물어주겠다고 합니다. 애가 밥이 먹기 싫다고 하면 초등학교에 다니기까지 밥을 먹여줍니다. 싫다고 해도 학교까지 자가용으로 데려다 주며 마마보이를 만듭니다. 컴퓨터 게임을 밤늦게까지 해도 말리지 못합니다. 한편 부모의 욕심이 있습니다. 그래서 부모의 원대로 과외를 시키고 학교를 선택해서 보냅니다. 결국 아이들은 부모를 거역하게 되고 부모는 자녀들 때문에 애를 태웁니다.

무엇 때문입니까? 독수리의 지혜를 얻지 못했기 때문입니다. 독수리에게 새끼를 훈련하는 시기를 하나님께서는 알려 주셨습니다. 하나님께서는 인간에게도 어떻게 하여야 자녀를 참으로 사랑하는 것인지 알려 주셨습니다. 그것은 우리의 지혜가 아닙니다. "독수리가 하늘 높이 떠서, 높은 곳에 보금자리를 만드는 것이 네 명령을 따른 것이냐?"(욥 39 : 27)라고 하나님께서는 욥에게 말씀했습니다. 그것은 하나님께서 그렇게 정하신 것입니다. 인간에게도 하나님께서 그렇게 가르치셨습니다.

맥아더 장군의 자녀를 위한 기도에는 이런 구절이 있습니다. 그를 요행과 안락의 길로 인도하시지 마시고 / 곤란과 고통의 길에서 항거할 줄 알게 하시고 / 폭풍우 속에서도 일어설 줄 알며 / 패한 자를 불쌍히 여길 줄 알게 하소서. 독수리의 지혜로 자녀를 사랑해야 합니다.

 기도

지혜의 하나님, 내 지혜가 아니라 하나님의 지혜와 인도하심으로 자녀를 사랑하게 해 주십시오. 아멘.

주께서 부르셨습니다

형제자매 여러분, 여러분이 부르심을 받을 때에, 그 처지가 어떠하였는
지 생각하여 보십시오. 육신의 기준으로 보아, 지혜 있는 사람이 많지 않
고, 권력 있는 사람이 많지 않고, 가문이 훌륭한 사람이 많지 않았습니다.

고전 1 : 26

저는 대학에 다닐 때 기독교를 너무 싫어하였습니다. 그때 저는
니체에 심취해 있을 때였는데 니체의 말이 아주 마음에 와 닿았습
니다. 그리스도는 약지에 대한 사랑과 동정과 연민의 노에 도덕을
주장함으로써 인간의 건강한 생명을 죽였다는 것입니다. 야생마처
럼 마음대로 뛰어놀 수 있는 인간을 기독교라는 울타리에 가두어
두고 훈련을 시켜 순한 가금(家禽)의 무리를 만들어 약자를 만들었
다는 니체의 주장에 동의했습니다. 전쟁의 북새통 속에 자란 저는
음악 감상이라는 것을 몰랐습니다. 음악을 감상한다고 조용히 앉아
듣고 있는 것이 지루했으며, 합창이나 중창을 한다고 남의 음정을
들어가며 화음이 되게 자기 파트의 음을 찾아 부르고 있는 것이 마
음에 들지 않았습니다. 그런데 교회에 다니는 학생들은 대부분 합

창 단원이었으며 걸핏하면 듀엣을 하곤 했는데 그것이 듣기 싫었습니다. 막걸리를 마시고 악을 쓰며 노래하면 되었지 악 쓰는 것을 참고 고운 음을 만들어낸다는 것이 메스꺼웠습니다. 하늘나라에 보물을 쌓으라고 말하며 헌금을 강요했고, 말씀에 순종하라고 말하지만 실은 목사가 자기의 권위에 순종하가를 원하는 교회도 싫었습니다. 공연한 사람을 죄인이라고 말하며 허리를 굽혀서 살게 하는 것이 기독교라고 생각하게 되었습니다. 주가 부르신다고 말하며 헌신을 강요하는 것도 교회였습니다.

그런 제가 억지로 기독교인이 되어야 하는 때가 왔습니다. 제일 공화국 말기에 저는 형편없는 사립 중학에서 이삼 개월씩 봉급도 제대로 받지 못하고 봉직하고 있으면서 '우리 이승만 대통령'이라는 제목으로 학생들에게 글짓기를 시키며 가정방문을 통해 자유당 지지 성분을 분석해서 보고하는 등 견딜 수 없는 모욕적인 일을 하면서 오직 한 가지 소원은 이런 정치적 압력을 받지 않은 학교로 옮기는 일이었습니다. 그런데 외국인이 교장으로 있는 미션 학교에 공석이 생긴 것입니다. 저는 그 곳에 갈 수만 있다면 무슨 일이든 할 생각이었습니다. 제가 제일 싫어하는 기독교인도 될 수 있다고 다짐했습니다. 뒤에 생각하니 저는 그때 주께서 나를 부르시고 주님의 섭리로 제자를 삼으신 것입니다.

그렇게 상극으로 증오하던 기독교를 주의 부르심이라 생각하고 아무 의의 없이 받아드린 제 자신이 어이없었습니다. 어떻게 제가 금방 무너질 의지의 소유자이며, 어리석고 무능하고 약한 존재여서 기독교 학교에서 부른다고 아무 반대도 없이 모든 생각을 정리하고 떠날 수 있었는지 알 수가 없습니다. 이렇게 비합리적인 일이 어떻게 순식간에 일어날 수가 있었는가? 이것은 교활한 인간의 지혜인가, 하나님의 오묘한 섭리인가? 원래 생은 비합리적이며 불가사의한 것인가? 오랫동안 방황했습니다.

바울은 새로운 기독교 윤리에 적응하지 못한 채 은혜와 은사가 충만하여 오히려 분쟁을 일으키고 스스로 자랑하고 교만한 고린도 교인들을 향해 주께서 육체적으로 지혜롭지도 않고 능하지도 않고 문벌도 좋지 않은 그들을 선택한 것을 상기시켰습니다. 주는 자기의 의를 내세우고 자기주장이 강한 자를 결코 들어 쓰시지 않는다는 말을 한 것입니다. 그들은 주님의 뜻을 수행할 자들이 아니기 때문입니다. 그래서 기독교인은 "저 같이 무능한 자는 그런 일은 기당치 않습니다."라고 사양하고 거부할 수 없습니다. 무능하기 때문에 주님은 택하십니다. 하나님께서는 세상의 미련한 것들을 택하사 지혜 있는 자들을 부끄럽게 하려 하시고 세상의 약한 것들을 택하사 강한 것들을 부끄럽게 하려 하십니다.

 기도

자비로우신 하나님, 하나님을 무시하고 자만했던 것을 회개합니다. 부르심에 합당하게 살게 해 주십시오. 아멘.

망해야 할 교회

하나님께서 교회 안에 세우신 이들은, 첫째는 사도요, 둘째는 예언자요, 셋째는 교사요, 다음은 기적을 행하는 사람이요, 다음은 병을 고치는 은사를 받은 사람이요, 남을 도와 주는 사람이요, 관리하는 사람이요, 여러 가지 방언으로 말하는 사람입니다.

고전 12 : 28

교회 성장에 전혀 관심이 없는 교회가 있습니다. 부모를 공경하라, 자녀를 사랑하라, 형제를 사랑하라, 부부간에 사랑하라는 설교도 하지 않습니다. 그 교회는 부모나 자녀들에게 버림받은 정박아, 지체장애인, 노약자들의 모임으로 부모도 없고, 자녀도 없고, 형제도 없고, 결혼한 사람도 없기 때문입니다. 다만 이 장애인들이 빨리 없어져서 이런 교회는 망해야 한다고 생각하는 목사가 목회를 하고 있는 교회입니다. 정말 이 지체장애인들이 살 곳을 찾아 하나, 둘 사라져 주었으면 좋겠다는 것이 이 교회를 담임하고 있는 목사의 솔직한 생각일 것입니다.

임락경 목사는 지체장애인들과 농사를 지으면서 30여 명이 함께 살고 있었는데 이들과 함께 교회를 세우는 것이 좋겠다고 생각해서 세운 교회입니다. 십자가도, 간판도 없는 가정집입니다. 커다란 한옥 기와집을 중심으로 돌집, 사랑채, 메주 숙소, 돼지우리, 닭장, 간장·된장 항아아리들이 어수선히 흩어져 있는 곳인데 등록된 교회명은 우리나라에 유일한 '시골교회'입니다. 강원도 화천군 사내면 광덕리인데 이미 화천교회도, 사내교회도 있었고, 세계 선교를 지향하는 거창한 이름들은 마음에 들지 않아 그렇게 지은 것 같습니다. 처음에는 장애인이 없어지는 복지사회가 되어야 한다고 '망할교회'라는 이름으로 등록하려 했으나, 노회에서 호통만 맞고 지금의 '시골교회'로 등록했다고 합니다. 그러나 이 교회는 건축헌금을 내는 것도 아니요, 목사 사례금을 드리는 것도 아니어서 등록 교인이 줄지 않은 모양입니다. 오히려 아토피 등 자연 치유를 위해 들어오는 사람이 있는 모양입니다. 거기다 5,000평의 농장에서 무공해 유기농으로 농사를 지어 시골집 메주, 시골집 된장, 시골집 간장 등의 이름을 가진 유기농 식품들이 시장에서 인기가 있는 모양입니다. 그래서 망하지 않습니다. 그러나 요즘은 우리나라도 복지 정책이 조금씩 좋아져서 중증 장애인의 상태에 따라 보조금이 나올 뿐 아니라 복지요양보호사 자격증을 가진 보호자에게도 보조금이 나와 지금까지 숨어 있던 가족들이 나타나 장애인들을 하나 둘 데리고 가서 정말 망해가고 있다고 생각되기도 하는 모양입니다.

　그러나 이 교회를 이단이라고 말하는 사람이 있으며, 강원노회교역자협의회에서는 '시골교회'를 도외시하는 모양입니다. 십자가가 없고,

강대상이 없으며 여러 교인들이 성령의 감동을 따라 자원해서 설교하기 때문일까요? 성전의 모습을 갖추지 않아 하나님의 임재와 회중과의 만남이 이루어지지 않는다고 생각하기 때문일까요? 그러나 임 목사는 이 넓은 방을 자랑스럽게 생각합니다. 모여서 예배드리면 예배당이요, 성경공부하면 교육관이요, 함께 식사하면 식당이어서 따로 건물을 요란하게 지을 필요가 없기 때문입니다. 지금도 교회를 구약시대의 성전으로 착각하고 있는 분들이 많이 있는 것 같습니다. 예수님께서 오심과 함께 구약의 성전은 빛을 잃었습니다. 예수님 자신이 성전이라고 스스로 말씀하셨고(요 2 : 21), 예수님이 승천하신 뒤 성령을 받은 성도들이 바로 성전이라고 말씀하셨기 때문입니다(고전 6 : 19).

무엇이 교회입니까? 교회는 먼저 구약에서 말한 성전이 아닙니다. 성령에 의해 결합되고 예수 그리스도를 믿는 사람들의 공동체가 교회입니다. 말씀, 기도, 성례, 교제가 있으며 세상 종말까지 죽음의 세력이 이기지 못하는 권세를 갖고 있는 것이 교회입니다(마 16 : 18). 예수 그리스도의 몸인 교회를 이루기 위해 주께서는 각종 은사를 주셨습니다. 그 은사가 서로 연결되고 결합되어 그리스도의 몸인 교회를 자라게 하고 있습니다. 이런 교회가 참교회가 아닐까요?

 기도

예수님, 우리가 바리새인이 되지 말고 예수 그리스도를 닮은 참제자가 되기를 원합니다. 아멘.

너희는 우리의 편지라

여러분들이야말로 우리를 천거하여 주는 추천장입니다. 그것은 우리 마음에 적혀 있습니다. 모든 사람이 그것을 알고 있으며, 읽고 있습니다. 여러분은 분명히 그리스도께서 보내신 편지입니다. 우리는 이것을 작성하는 데 봉사하였습니다. 이것은 먹물로 쓴 것이 아니라, 살아계신 하나님의 영으로 쓴 것이요, 돌판에 쓴 것이 아니라, 사람의 마음에 쓴 것입니다.

고후 3 : 2-3

교회에 목사를 초빙하려면 어떤 분을 초빙해야 할까요? 가정에 좋은 아버지를 모시고 있어야 집안이 평안한 것처럼 교회는 좋은 목사를 모셔야 교회가 평안하고 영저으로 바르게 성장할 수가 있습니다. 다음 같은 조건은 어떨까요? ① 좋은 신학교 출신이라야 한다. ② 나이는 40대 전후라야 한다. ③ 인간성이 정직하고 강직할 뿐 아니라 관용하는 너그러움도 있어야 한다. ④ 성량이 풍부하고 부드러우며 들을 때 부담이 없어야 한다. ⑤ 여러 분야에서 객관적인 훌륭한 추천을 받아야 한다. ⑥ 방언도 할 줄 알고 신유의 은사도 있어 사람을 유인하는 마력이 있어야 한다.

그런 목사가 어디 있느냐고 말할 사람이 있을 것입니다. 그럼 이런 것은 다 교인들이 자기 욕심을 채우기 위한 피상적인 조건이라치고 바울 같은 성품의 목사가 있다면 바로 모셔드리겠습니까?

그러나 바울은 말솜씨가 안 좋아서(고후 10 : 10) 유두고라는 청년은 설교를 듣다가 졸려서 3층에서 떨어져 죽을 뻔했습니다(행 20 : 9). 결코 큰 교회와 아름다운 강대상을 꾸미는 사람이 아니었습니다. 현대판 교회 성장에 관심이 없었고 이방인을 위해 교회를 개척하는 데만 전념한 사람이었습니다. 자기를 추천하는 사람을 원하지 않고 자기가 머무른 자리에 있던 사람들이 바로 그리스도의 편지며 추천장이 되기를 원했던 사람입니다.

새 목사를 모시면 큰 교회로 성장하고, 많은 교인들이 몰려들기를 꿈꾸는데 바울 같은 목회자를 우리가 모셔도 잘 하는 일일까요? 바울이 원하던 것은 고린도 교인들이 변하여 그리스도의 편지로 사는 것이었습니다. 그리고 그들 자신이 바로 영향을 받았던 바울의 추천서가 되는 것이었습니다. 원칙적으로 목회자에게 이 이상 바랄 것이 무엇이 있겠습니까? 좋은 목회자, 성공적인 목회자란 그런 분이 아니겠습니까?

교회에 새로운 바람을 일으키고 큰 교회로 변화시키는 목사를 모시는 환상을 버리고 십자가에 자기 몸을 버리신 예수 그리스도만 알고 어떻게 하든지 한 사람이라도 예수 그리스도의 사람으로 만들려는 순수한 복음의 열정을 가진 목사를 모셔야 한다고 생각합니다.

"우리가 어떤 사람들처럼, 여러분에게 보일 추천장이나, 여러분에게서 받을 추천장이 필요한 사람들입니까?"(고후 3 : 1)는 바울의 말

이 새로 모실 목회자의 입에서도 나오게 되기를 바라고 그런 목회
자를 모시는 교회가 되기를 바랍니다.

 기도

진리이신 주님, 저희가 그리스도의 편지로 다른 사람 앞에 서는 영광을 주
십시오. 아멘.

교회를 떠난 목사

누구든지 자기 친척, 특히 가족을 돌보지 않으면, 그는 벌써 믿음을
버린 사람이요, 믿지 않는 사람보다 더 나쁜 사람입니다.

디모전 5 : 8

목사가 잘 성장해 가는 교회를 떠났다는 말을 들은 적이 있습니
까? 신학교를 나와서 목사 안수를 받으면 자기 가족만이라도 모여
서 교회를 만들고 울며 기도하는데 성공적으로 교회를 성장시킨 뒤
떠나다니 말이 됩니까? 그런데 미국의 한 교회 목사가 오랫동안 와
병 중에 있는 아내와 연로한 어머니를 돌보기 위해 목사직을 사임
하고 교회를 떠났답니다.

우리나라에서는 부인이 오랫동안 와병 중에 있어서 남편인 목사
가 바람났다는 말은 들었어도 교회를 사임했다는 말은 들은 일이
없습니다. 목사의 자리가 어떤 자리인데 교회를 떠납니까? 좀 떠났
으면 유익하겠다는 목사도 안 떠납니다. 학자들, 대기업 회장들, 연
예인들, 정계 인사들…… 모두 세상에서 내로라하고 하늘 높은 줄

모르고 사는 사람들을 비서로 거느리고 삶을 누리는 자리가 목사 자리인데 쉽게 떠날 수가 있습니까? 막대한 헌금으로 명분 있게 자선사업, 구제사업, 해외선교 등을 하면서 존경을 받을 수 있습니다. 그뿐입니까? 교인들은 또 얼마나 충성스럽습니까? 교회를 떠난다고 하면 아마 "자식 같은 교인들을 두고 어디로 떠납니까? 부모를 배신하고 떠나는 탕자 같은 아들은 있어도 아들들을 버리고 떠났다는 아버지 이야기는 들은 적이 없습니다." 이렇게 이치에 맞는 말로 떠나지 말도록 권고하는 교인도 있을 것입니다. "길 잃은 양 같은 교인들을 버리고 떠나면 하나님 앞에 어떻게 설 생각입니까? 한 마리 양이라도 찾아 떠난다면 모르지만 명분 없게 자기 가족 돌보기 위해 떠난다니 말이 됩니까? 가족과 생계를 버리고 예수를 따른 베드로 설교는 왜 했습니까?" 이렇게 따지는 교인도 있을 것입니다.

그런데 미국 목사는 떠났습니다. 그기 내세운 성경 말씀은 디모데전서 5장 8절입니다. "누구든지 자기 친척, 특히 가족을 돌보지 않으면……"이라는 성경구절에서 더 이상 앞을 읽어나갈 수가 없었던 것 같습니다. 하나님께서 들려주신 세미한 음성은 "아내와 어머니를 돌보아라."라고 하셨던 것 같습니다. 설교할 때마다 중풍으로 여러 해 동안 병상에 누워 있는 아내와 치매로 고생하는 어머니가 눈에 선해 제대로 설교 말이 나오지 않았던 것 같습니다. 크고 아름다운 예배당에서는 교인들을 즐겁게 하고 감동케 하는 유창한 설교가 알맞지, 자기처럼 가난하고 어렵고 병든 사람만 눈에 보여 측

은하게 생각되는 그런 목사의 설교는 맞지 않다고 생각되었던 것 같기도 합니다. "골방에 들어가 문을 닫고 빈병에 기름을 따르는" (왕하 4 : 5-6) 과부를 생각했는지도 모릅니다. 하나님께서 엘리사를 통해 이적을 베푸셨는데 문을 활짝 열고 "여러분, 와서 보시오. 하나님께서 나에게 이런 놀라운 이적을 베푸셨소. 다 빈병을 가지고 여기 와서 기름을 받아 가시오." 이렇게 기적을 체험하고 있는 자기를 과시하지 않고 골방에서 문을 닫고 자기에게 베푸신 은혜에 감사하며, 어쩌면 울면서 기름을 따르고 있던 과부를 생각했는지도 모릅니다. 교회를 떠난 목사는 이 과부를 미련하고 이기적이라고 생각하지 않고 그렇게 말씀에 순종하여 자기도 은혜에 젖고 싶었던 것이 아닐까요?

어떤 명분으로도 어려운 자기 자족을 돌볼 수 없는 목자는 선한 목자가 아니라고 생각합니다.

 기도

긍휼의 하나님, 참 과부와 작은 자와 길 잃은 양이 늘 내 마음 가운데 있게 해 주십시오. 아멘.

미국의 하나님을 모시고 와라

내가 주께 청한 한 가지 소원, 그 하나만을 얻으려고 애쓸 것이니, 한 평생 주의 집에 살면서 주의 자비로우신 모습을 보는 것과, 성전에서 주님과 의논하면서 살아가는 오직 그것뿐이다.

시 27 : 4

제가 미국에서 학위를 마치고 돌아올 때 어머니는 "귀국할 때 너를 도와주신 하나님을 모시고 와라."라고 말했습니다. 그도 그럴 것이 제가 유학 가 있는 동안 첫째 딸과 막내아들이 같이 살며 학교를 다녔고 한국에서 대학에 다니는 두 아들은 고학하고 있는 우리가 돈을 벌어 생활비로 쓰도록 보내면서 살았습니다. 재직했던 대학에서의 후원은 끝난 때였습니다. 아내가 받는 주급은 남지도 않고 모자라지도 않은 만나와 같은 것이었는데 그것을 주말 은행에 입금하면 일주일 살 생활비가 되었습니다.

그동안 병원에 가지 않았으며 중고차를 타고 다녔지만 길에서 서는 일이 없었습니다. 모든 사람들이 우리가 어떻게 그렇게 살고 있는지 기적이라고 생각하고 있었습니다. 그래서 어떻게 사는지 묻는 사람에게 "그들은 매일매일 주는 만나로 살고 있다."고 대답한 사람도 있었습니다.

저는 미국에서 저에게 복 주시고 지키신 하나님을 모시고 가겠다고 어머니께 말했습니다. 제가 굳이 모시고 가지 않아도 하나님은 언제나 제 곁을 떠나지 않으시고 저와 동행하실 것이기 때문이었습니다. 나를 지키신 하나님은 미국에만 있지 않고 한국에도 똑같은 자비로우신 하나님으로 계셨습니다.

이번에 저는 교회에서 좀 멀리 떨어진 아파트로 옮기게 되었습니다. 그러자 어떤 교인이 장로까지 지낸 사람이 교회 가까이 옮길 생각은 하지 않고 왜 멀리 옮기는지 모르겠다는 말을 하는 것을 들었습니다. 그래서 저는 이곳 교회에서 섬기던 하나님을 모시고 그쪽으로 옮겨가는 것이라고 말했습니다.

우리는 하나님이 거하는 집을 매우 중요하게 생각합니다. 구약시대에는 하나님의 임재를 상징하는 법궤가 있었습니다. 물론 법궤는 하나밖에 없었으므로 법궤를 모시는 성막은 아주 중요했습니다. 광야에서는 구름기둥과 불기둥으로 이스라엘 백성을 인도했습니다. 요단강을 건널 때는 언약궤를 멘 제사장들의 발이 강에 닿았을 때 물이 갈라지고 가나안 땅에 들어갔습니다. 여리고성을 함락할 때는 법궤를 메고 성 주변을 돌았으며 일곱째 날에는 성 주변을 일곱 번 돌고 백성이 나팔 소리를 들을 때 크게 소리 질러 외치니 성벽이 무너졌습니다. 법궤는 바로 하나님의 임재였습니다. 다윗은 법궤를 자신이 거하는 예루살렘으로 옮겨왔고 솔로몬은 성전을 짓고 지성소에 법궤를 안치하였습니다. 그래서 예루살렘 성전은 하나님께서 거하시는 유일한 곳으로 인정되었습니다. 그러나 예수님은 유대인이 그렇게 중요하게 생각하고 있던 하나님의 집, 예루살렘 성을 두고 수가성의 여인에게 "너희가 이 산(그리심산) 위에서도 아니고 예루살렘에서도 아닌 데서 너희가 아버지께 예배를 드릴 때가 올 것이다."(요4 : 21)라고 말했습니다. 예수님께서 오시면 하나님은 이 땅의 어느 한정된 곳에 예배처를 갖지 않는다는 말입니다. 예수님께서 하나님의 아들로 세상에 오셔서 죄 없는 자로 우리를 대신하여 화목제물로 십자가에 돌아가시고 부활하시어 하나님 우편에 앉으시면 우리에게 성령을 주셔서 우리와 함께 계신다는 약속입니다. 우리가 바로 성령의 전(고전 6 : 19)이 되는 것입니다. 예수를 구주로 믿는 모든 성도의 영의 깊은 곳에서 하나님은 가장 친숙한 모습으로 우리와 하나되어 함께 계십니다. 교회에 우리가 모여 예배하고 기도하면 그곳이 주님의 집이 됩니다. 우리가 흩어지면 성령은 우리를 버리지 않으시고 함께 하십니다. 대자연의 따스한 햇살은 하나님의 사랑이며 맑은 공기는 하나님의 숨결입니다. 주의 말씀은 내 발에 등이요 내 길에 빛입니다. 따뜻한 이웃 사람들의 미소 가운데서 확장되어가는 하늘나라의 꿈을 봅니다. 다윗이 평생 살고 싶은 여호와의 집은 한정된 지역이나 건물이 아니고, 우리가 모여 예배하고 기도하는 곳이며 흩어져 주와 함께 동행하는 성령의 전이라고 생각됩니다. 저는 어느 장막 집으로 가든 하나님을 모시고 갑니다. 아니 그분이 저를 인도하시고 함께 하십니다.

 **기도**

무소부재하신 하나님, 제가 어느 곳에 가든지 하나님의 품에서 하나님의 성품을 닮아 주의 부르심에 합당한 삶을 살기를 원합니다. 아멘.

곁에 계셔도 보이지 않는 하나님

그리고 그들과 함께 음식을 잡수실 때에, 예수께서 빵을 들어서 축사하시고, 떼어서 그들에게 주셨다. 그제서야 그들의 눈이 열려서, 예수를 알아보았다. 그러나 그 순간 예수께서는 그들에게서 사라지셨다.

눅 24 : 30-31

예수님께서 십자가에 돌아가시고 사흘 째 되던 날 메시아에 대한 소망을 잃은 두 제자가 엠마오로 내려가고 있었습니다. 이때 예수님께서 가까이 와서 동행하면서 모세아 선지자의 글로 시작해서 성경에 자기에 대해 예언한 내용을 들어 근일에 된 일을 차근차근 설명하여 주셨습니다. 그리고 그들의 권유로 숙소에 가서 식사할 때에 떡을 가지고 축사하고 떼어 주었습니다. 이때 그 제자들의 눈이 밝아져 동행하던 그분이 예수인 것을 알아보게 되었습니다. 그런데 그 순간에 예수님도 사라졌습니다. 어디로 가셨을까요? 부활한 사실을 가르쳐 주었기 때문에 이제 다른 곳으로 가셨을까요?

예수님은 우리가 단정한 옷을 입고 엄숙한 의식으로 성찬식을 할 때만 오시는 것이 아닙니다. 허름한 집에서 일상적인 옷을 입었지만 주를 믿고 친교하는 공동체에도 주께서는 함께 하십니다. 만찬은 마음을 열고 하나님의 가족이 되는 평안한 자리이기 때문입니다. 성만찬이 아니라도 주를 사랑하는 자는 하나님의 사랑을 받을 뿐 아니라 우리가 요청하기 전에 주께서 우리를 사랑하시고 우리 안에 오십니다(요 14 : 21).

우리는 하나님께서 늘 우리와 동행하고 계시는 줄 알면서도 하나님의 오심을 간절히 구합니다. "하나님이여, 제 울음소리에 귀를 기울여 주십시오." "하나님의 성전에서 우리가 합심하여 기도하오니 이곳에 와 주십시오." 주께서 우리와 동행하시고 우리 마음 가운데 늘 계신다면, 우리는 그렇게 울며 외치지 않아도 바로 가까이에서 상의할 수 있으리라고 생각합니다.

얼마 전에 아내가 미국에 있는 아들의 전화를 기다리고 있는 눈치였습니다. 그래서 궁금하면 전화를 해 보라고 했는데 전화를 하지 않았습니다. 아들은 밤늦게 학교에서 집으로 돌아올 때도 있고, 또 아침 일찍 학교에 가는 일도 있어 시간을 잘못 맞춰 아들의 단잠을 깨우는 것이 염려되었기 때문입니다. 그런데 기다리던 전화가 왔습니다. 연구비 신청서의 제출 마감을 지키느라 바빠서 전화를 못했다는 것이었습니다. 그는 아침저녁으로 하루에 두 번씩 문안 전화를 했는데 부모님을 모시지도 못하면서 전화도 안 하면 불효라고 말했습니다.

그러나 아내는 그 아들이 어머니와 함께 살지 못해 늘 허전해서 그럴 거라고 애처로워했었습니다. 그런데 다시 전화가 시작된 것입니다.

"바쁘지 않을 때도 늘 문안 전화할 필요 없다. 거리만 떨어져 있지 우리는 늘 너와 함께 있다. 전화가 없을 때는 더 열심히 기도하기 때문에 훨씬 가까운 곳에서 너와 함께 있는 셈이다. 강하고 담대해라." 저는 사랑하는 하나님께서 우리가 어려우면 어려울수록 내 곁에 더 가까이 계시리라고 생각합니다. 우리가 구해서 하나님께서 내 곁에 오시는 것이 아니고 하나님께서는 우리를 사랑하셔서 우리 곁을 떠나실 수 없는 것입니다. 하나님의 임재를 느끼는 사람만 진솔한 기도를 할 수 있습니다.

 기도

나를 사랑하사 늘 나와 함께하시는 하나님, 어느 때 어느 곳에서나 제 기도를 들어주심을 감사합니다. 아멘.

내 양을 먹여라

예수께서 세 번째로 물으셨다. "요한의 아들 시몬아, 네가 나를 사랑하느냐?" 그때에 베드로는 예수께서 '네가 나를 사랑하느냐?' 하고 세 번이나 물으시므로, 불안해서 "주님, 주께서는 모든 것을 아십니다. 그러므로 내가 주님을 사랑하는 줄을 주께서 아십니다." 하고 대답하였다. 예수께서 그에게 말씀하셨다. "내 양을 먹여라."

요 21 : 17

예수님께서 부활하여 승천하시기 전 마지막으로 제자들 앞에 나타나셨을 때에 베드로에게 같은 질문을 세 번 하셨습니다.

"네가 나를 사랑하느냐?"

예수님께서는 '아가페'의 사랑을 물었는데 베드로는 '필로스'의 사랑으로 대답했습니다. 예수님께서 베드로에게 같은 질문을 세 번 반복하신 것은 베드로가 세 번이나 예수를 부인했기 때문에 세 번 '나를 사랑하느냐'고 물으시고, 그 답을 들은 뒤 베드로를 용서하시고 교회에서 베드로의 지도권과 수제자로서의 위치를 인정하기 위해서였다고 말하기도 합니다. 그러나 저는 베드로가 예수님을 어떻게 사랑했느냐의 문제보다는 "내 양을 치라"는 데 중점이 있다는 생각이 듭니다. 예수님께서 승천하시기 전, 목자 없는 양 같은 무리를 돌보도록 맡겨야 하는데 그 변덕스러운 양들만 바라보고 있다간 실망하고 지쳐서 쓰러질 수밖에 없는 것을 알고 계셨기 때문입니다. 힘들 때마다 양들을 보지 말고 당신을 쳐다보고 사랑을 공급받음으로 양들을 치는 사명을 다 하라고 당부하신 것이라는 생각을 합니다.

예수께서는 어떻게 하는 것이 주를 사랑하는 것인지 말씀하셨습니다.

"내 계명을 받아서 지키는 사람은 나를 사랑하는 사람이요, 나를 사랑하는 사람은 내 아버지의 사랑을 받을 것이다. 그리고 나도 그 사람을 사랑하여, 그에게 나를 드러낼 것이다."(요 14 : 21)

예수님은 이 세상을 떠나기 전에 왜 당신을 그렇게 사랑하라고 하신 것일까요? 예수님은 하나님의 뜻으로 이 세상의 인류를 구원하기 위해 오셨지만 구원사역을 완성히지 못했습니다. 구원받아야 할 길 잃은 양들이 도처에 있는 것을 보고 떠나야 했습니다. 예수님게서 구원을 단번에 완성하셨다면 그것은 남겨 둔 제자들이 승천한 주와 함께 대대로 구원을 완성하게 될 미래를 포괄해서 하는 말일 것입니다. 따라서 수제자인 베드로에게 구원사역을 맡기는 것은 자상 명령입니다.

그런데 왜 그가 주를 사랑해야 합니까? 주를 사랑해야 주의 사랑을 받고 주께서 자신을 계시하시며 함께 일할 수 있기 때문입니다. 주님께서는 베드로가 어떻게 고난을 받으며 죽을 것을 미리 말씀하셨습니다(요 21 : 18). 양을 치다가 그렇게 고난을 받고 죽을 수밖에 없을지도 모릅니다. 그런 경우에도 양을 바라보지 말고 당신을 바라보고 사랑하라고 말씀하십니다.

교회는 교인수가 늘지 못하면 목사의 잘못으로 생각하고 목사가 떠나 주기를 바랍니다. 그러나 눈치 없이 떠나지 않고 있으면 사례비를 동결하고, 활동을 제한하고, 돈 있는 장로는 헌금을 거부합니다. 또 어떤 이는 대표 기도를 거부합니다. 당회에서 부흥강사 스타일의 전도사를 초빙하기로 결의해서 압력을 가합니다. 또 전도사로 하여금 자체 부흥회를 하게 해서 목사의 무능을 깨닫게 하려고도 합니다. 전도사가 부흥강사로 나갈 때 교인들이 수행해서 담임 목사의 권위가 떨어진 것을 보이게도 합니다.

저는 그런 가운데서도 전혀 대항하지 않고 기도만 하고 계셨던 목사님을 압니다. 왜 박차고 나가버리지 않고 기도만 하는가? 저는 제 가슴이 터질 것만 같았습니다. 그러나 그분은 양을 치기 위해 그렇게 했습니다. 주께 매달려 하나님 아버지의 사랑을 먼저 받지 않고는 그 역경을 이겨낼 수가 없었습니다. 드디어 하나님을 섬기기 시작한 40년에 노회에 사의를 표했습니다. 그는 하나님께 사랑을 받았을 뿐 아니라, 주도 그를 사랑하셔서 그에게 자신을 계시한 것입니다. 섬길 때가 있고, 떠날 때가 있음을 보여주신 것이 분명합니다. 막상 사의를 표하자 그 교회에는 당회장이 공석이 되어 아쉬웠습니다. 그래서 교회는 전도사가 목사 안수를 받기까지 당회장으로 있어 달라고 목사에게 사정하게 되었습니다. 그분은 그 요구도 들어 주고 떠났는데, 떠난 뒤 큰 교회를 둘이나 개척하고 존경받는 목사로 살다가 소천되셨습니다.

 기도

신실하신 주님, 주를 사랑하는 가운데 우리를 향한 주의 사랑을 깨닫게 하시고 주의 계시를 소홀히 하지 않게 해 주십시오. 아멘.

아버지의 집, 하나님의 품

나의 이 아들은 죽었다가 살아났고, 내가 잃었다가 되찾았다. 그래서 그들은 잔치를 벌였다.

눅 15 : 24

누가복음 15장에는 소위 탕자의 비유라는 말로 대변되는 두 아들의 이야기가 나옵니다. 둘째 아들은 아버지가 사망하기 전에 유산을 나누어 달라고 졸라서 그 돈을 가지고 집을 나갑니다. 아마 둘째 아들로 태어나서 아버지의 사랑을 덜 받고 있다고 생각했거나 유대 풍속대로 형은 3분의 2를, 그리고 자기는 3분의 1밖에 유산을 받지 못한다는 생각으로 불만을 품고 애정 결핍을 다른 데서 보상받고 싶었는지도 모릅니다. 창기와 유흥에서 만족을 얻고 있던 그는 재산을 탕진하고 나서야 회개하고 아버지의 품으로 돌아왔습니다. 자기가 아버지를 떠난 것을 깊이 뉘우친 것입니다. 이제는 아버지와 아들의 관계가 아니고 품꾼의 하나로 써 달라는 생각으로 돌아왔는데 아버지는 그를 환영했으며 달려가 목을 안고 입을 맞추며 제일 좋은 옷을 입히고, 손에 가락지를 끼우고, 발에 신을 신기며 살진 송아지를 잡아 잔치를 했습니다. 방황하던 잃은 양이 돌아왔기 때문입니다. 둘째 아들은 너무 기뻤습니다. 상처가 치유되고 새롭게 아버지와 아들의 관계가 회복된 기쁨을 느낀 것입니다.

그런데 형은 어떻습니까? 그는 노하여 잔치 집에 들어가려고도 하지 아니했을 뿐 아니라, 아버지의 권면에도 불만을 토했습니다. 여러 해 동안 아버지의 명을 어기지 않고 섬겨온 자기에게는 염소 새끼 하나라도 잡아 준 일이 없었다는 것입니다. 형은 아버지를 도저히 이해할 수가 없었습니다. 아버지의 집에서 같은 시간에 기뻐하는 동생과 화를 내고 있는 형을 봅니다. 누가 복 받은 것일까요?

세상에서 상처받고 방황하는 영혼들은 어디를 찾아가야 할까요? 교회입니다. 교회는 아버지의 집 또는 품입니다. 많은 잃은 영혼들이 사망의 길에서 돌아서 생명의 길로 찾아들어 기뻐하는 곳이 교회입니다. 그러나 오랫동안 한 번도 교회를 떠나보지 않은 교인들은 어떻습니까? 교회 생활에 익숙하지도 않고, 교회 의식을 준수하지도 않고, 헌금도 봉사도 제대로 하지 않은 교인이 구원받을 수 있다는 것이 믿기지도 않고 화가 납니다. 남이 힘들게 애써서 닦아 놓은 터에서 동등하게 하나님의 사랑을 받고 있는 것이 화가 납니다. "너는 항상 나와 함께 있으니 내 것이 다 네 것"이라고 아버지가 말해도 그런 아버지의 사랑을 이해하지 못합니다. 동생은 멀리 아버지를 떠났다가 다시 아버지 품으로 돌아왔고 형은 항상 아버지와 함께 있었으나 실상은 아버지의 사랑을 이해하지 못하고 멀리 떠나 있는 사람입니다.

교회가 하는 일은 먼저 잃어버린 양을 영접하며 잔치를 베푸는 일입니다. 그리고 늘 교회에서 주님과 함께 생활해 온 교인들은 그때마다 하나님의 사랑을 새롭게 깨닫고 그 잔치에 기쁘게 참여하는 일입니다. 즉 아버지 하나님의 마음을 잘 헤아려서 새 신자들을 환영하고 돌보는 지혜를 갖는 것입니다. 주께서 주신 유업의 상이 눈앞에 있기 때문입니다.

 기도

자비로우신 하나님, 품꾼의 하나로도 인정받지 못할 저를 하나님의 아들로 받아 주심을 감사합니다. 아멘.

하나님과 기도에 대해 나눈 대화

"하나님, 저 돈 좀 주십시오." "뭐, 돈이라?" "예, 이것은 제 간절한 기도입니다." "왜 돈이 필요한데?" "쓸 데가 많지요. 십일조도 내야 하고, 주일헌금, 구역헌금, 선교헌금, 건축헌금, 또 교회를 다니다 보니 후원해야 하고 구제해야 하는 기관이 너무 많습니다. 그 외에 교인들의 결혼식과 장례식은 어찌 그리 많은지 감당할 수가 없습니다." "왜 내가 그 기도를 들어주어야 하지?" "주일성수는 물론 새벽기도, 철야기도, 수요예배, 구역예배 등 빼놓지 않고 출석했으며 모든 헌금을 성실히 내고 봉사활동도 열심히 참여했습니다. 이것이면 충분하지 않습니까?" "나는 인간들이 이런 일을 하면, 저런 결과가 생긴다고 스스로 결정하고 빚이나 받듯이 나에게 요구하는 기도를 제일 싫어한다." "무슨 말씀입니까? '구하라. 그리하면 주실 것이라.’고 약속하셨으니 구하면 주셔야 되는 것이 아닙니까?”
“육체를 위하여 심는 자는 썩어질 것을 거두고, 성령을 위하여 심는
자는 영생을 거둔다. 육체를 위하여 구하며 사는 구습은 성령을 받
으면서부터 다 버리지 않았느냐?” “하나님, 제 아내가 암 선고를 받
았는데 병원에서도 포기하고 있는 상태입니다. 제 아내 좀 살려달
라고 기도하면 이는 육체를 위하여 구하는 것이므로 안 되는 것입
니까?”“누가 안 된다고 했느냐? 기도해라. 그러나 기도하는 네 뜻과
들어줄 내 뜻이 같지 않으면 어떻게 되겠느냐? 너와 내가 깊은 교
제 가운데 하나가 되어 있지 않으면 누구 뜻이 우선하겠느냐? 물론
우주를 두고 더 큰 그림을 가지고 있는 내 뜻대로 되지 않겠느냐?”
“하나님의 뜻을 미리 알고 기도하는 사람이 어디 있겠습니까? 그것
은 기도할 필요가 없다는 뜻이 아닙니까?” “그렇다. 너는 기도하기
전에 먼저 네 마음에 쌓은 바벨탑을 다 헐어버리고 온전히 나만 바
라보고 나에게 모든 짐을 맡겨야 한다.” “그 말은 내 계획과 비전과
소망은 다 버리고 주께 맡기라는 뜻이 아닙니까? 이것은 제가 로봇
이 되는 일입니다.” “싫으냐? 그럼 너는 구원받은 새 사람을 버리고
옛 사람으로 돌아가야 한다. 그곳에도 세상의 환락이 있다. 다만 나
와는 아무 관계가 없는 것뿐이다.” “제가 하나님과 하나가 되려면
어떻게 해야 합니까?” “너는 기도할 때 내 음성을 듣고 내 계시를
보아야 한다. 야고보와 요한은 그들이 불을 명하여 하늘로부터 내
려 저들을 멸했으면 좋겠다고 했을 때 예수가 그들을 꾸짖은 것을

알지 못하느냐? 그들은 예수의 생각을 몰라도 너무 모른 것이다. 주의 뜻을 살피지 못하면 이와 같이 된다." "이것은 너무 어렵습니다. 이러다간 영영 기도를 못하고 말겠습니다." "나는 너를 사랑한다. 만일 너도 나처럼 나를 사랑하게 되면 너는 분명 기도할 수 있게 된다. 네 뜻대로 되지 않더라도 구원자인 나로 말미암아 기뻐하는 경지에 달하게 된다."

 기도

하나님, 제 욕심을 다 내려놓고 기도할 때마다 주만 바라보게 하여주십시오. 아멘.

기도의 네 단계

기도에 힘을 쓰십시오. 감사하는 마음으로 기도하면서, 깨어 있으십시오.

골 4 : 2

기도란 예민하고 다루기 힘든 주제인데 저는 이 기도를 네 단계로 분류해서 생각해 보고 싶습니다. 어쭙잖은 짓인지도 모릅니다. 또 하나님께서 들으시면 "분류는 무슨 분류냐? 그냥 기도하면 되지." 그러실지도 모릅니다.

첫째는 '기도 만능'을 믿는 단계입니다. 기도로 이루지 못하는 일은 없으며 기도하면 하나님의 뜻도 바꿀 수 있다고 생각하는 태도입니다. 제가 아는 한 집사는 세 번째 아이를 임신했는데 그 애가 또 아들이라는 것을 알게 되었습니다. 그러나 하나님께서는 전능하여 못하시는 일이 없다고 복중의 아이를 딸로 바꾸어 달라고 출산 때까지 계속 가족이 함께 기도하였습니다. 또 기도 만능을 믿는 사람은 히스기아가 기도해서 죽을 연한을 연장해 받은 것, 불의한 재판관을 번거롭게 하여 소원을 이룬 과부의 예화를 믿습니다. 불치병도 나을 수 있으며, 앉은뱅이도 걸을 수 있다고 믿습니다. 그리고 기도로 실제 이런 기적을 많이 체험할 수도 있다는 것입니다.

둘째는 '기도는 하나님께 아뢰는 것'이라는 태도입니다. "구하라. 찾으라. 문을 두드리라"는 성경의 말씀을 실천하는 기도입니다. 소리 높이 외치고 바닥을 치고 울며 기도하면 반드시 응답하는 하나님이라고 믿는 것입니다. 혹 하나님의 뜻에 맞지 않으면 들어주시지 않는다고 말하지만 구원받은 사람이라고 할지라도 하나님의 뜻을 분별할 수 있는 사람이 몇이나 됩니까? 누가 하나님의 뜻을 계산해서 다 안 뒤에 기도하겠습니까? 그저 가난하고 억울하고 억압받는 답답한 심정을 호소합니다. 세상은 왜 이렇게 불공평하냐고 하나님을 원망하기도 합니다. 그러는 동안에 방언도 하게 되고 맺힌 한이 풀리기도 하고 하나님의 은혜를 체험하게도 된다는 깃입니다.

셋째는 '기도는 하나님이 음성을 듣는 것'이라는 입장입니다. 기독교는 계시의 종교입니다. 즉 하나님께서 인류를 향해 하시는 말씀에 토대를 둔 종교라는 뜻입니다. 따라서 자기의 요구를 하나님께 전하기보다 하나님의 뜻을 구하고 그의 음성을 듣는 것이 먼저라는 것입니다. 그러나 육을 가진 우리가 내 뜻과 욕망과 비전을 다 버리고 주님의 음성을 듣는 훈련을 하는 것은 어떤 의미에서 고행입니다. 바을은 이 고행 속에서 하나님의 기적이 시작되는 것을 체험한 사람입니다. 자기를 십자가에 못 박고 예수와 하나가 되어 말씀에 순종하여 살겠다고 다짐하는 순간 인간이 할 수 없는 일을 하나님께서 맡아 해 주신 것입니다. 그때부터 그 안에 자기는 없고 그리스도만 살고 계셨습니다. 그리스도의 음성만 듣고 그리스도를 믿는 믿은 가운데 살았습니다.

넷째는 한적한 공원의 벤치에 예수님과 기도자가 대화도 없이 그냥 2~30분 동안 앉아 있는 기도입니다. 인간은 육체와 영혼을 가지고 있습니다. 기도는 생명의 근원인 예수님과 기도자의 통로입니다. 예수님은 성령으로 오셔서 우리의 장래 일을 말씀합니다. 우리가 기도 제목을 정하고 기도하기 전에 우리에게 응답해 주십니다. 성령의 인도가 우리 기독교인이 호흡하고 사는 삶입니다. 따라서 '기독교인의 삶' 자체가 기도의 내용입니다. 우리를 구원해 주신 은혜에 감사하여 주시는 말씀에 깨어 살아 있으면 그것이 기도입니다. 바쁜 일정 가운데도 따로 시간을 내어 노동을 쉬고 한적한 벤치에 예수님과 단 둘이 앉아 있는 심정으로 기도를 드리는 것입니다. 아니 생명의 근원을 향해 영혼의 호흡을 하는 것입니다. 예수님이 물러나 한적한 곳에서 기도하신 것처럼 그렇게 하나님을 마주하고 앉아서 흐뭇해 하고 기뻐하는 것입니다. 이 기쁜 자리에서 더 구할 것이 무엇이 있겠습니까?

 기도

늘 함께 하시는 주님, 오늘도 동행해 주시고 친구되어 주셔서 감사합니다. 아멘.

제가 잘못 믿고 있습니까?

나더러 '주님, 주님' 하는 사람이라고 해서 다 하늘나라에 들어가는 것이 아니다. 하늘에 계신 내 아버지의 뜻을 행하는 사람이라야 들어간다.

마 7 : 21

제 친구인 장로의 간증을 소개합니다. 그는 태권도 도장의 사범인데 하루는 차를 몰고 시내에 나갔다 돌아왔는데 도장을 십여 미터 남겨 두고 차가 서버렸습니다. 할 수 없이 정비원을 불렀는데 그는 여기저기를 살펴보고 수리비를 너무 비싸게 불렀습니다. 호주머니에 5000원밖에 없던 그는 그냥 돌려보내고 도장 사무실의 문을 잠그고 뒹굴며 큰 소리로 기도했습니다. 다음날 서울도 가야 했지만 그런 수리비가 없었기 때문이었습니다. 그는 방언으로 기도한 모양이었습니다. 한 시간쯤 기도한 뒤, 정신이 들어 밖으로 나가 차에 시동을 걸었습니다. 그런데 차가 멀쩡히 고쳐져 있었던 것입니다.

"어떻게 된 것입니까?"

"하나님이 고쳐 준 것이지요. 어디가 고장났고 어떻게 고쳐진 것이지 나는 모릅니다."

"그럴 수가. 영적인 하나님이 자동차도 고쳐 줍니까?"

그는 "광야에서 이스라엘 백성이 아말렉과 싸울 때 모세의 손이 올라가면 이기고 내려오면 진 것을 믿는가? 히스기야의 병을 낫게 할 때 선지자 이사야가 기도해서 해 그림자가 십도 물러났다는 것을 믿는가? 빌립보에서 바울과 실라가 기도하고 하나님을 찬미할 때 옥문이 열린 것을 믿는가? 사도행전 전체가 성령행전인 것을 믿는가?"라고 말하며 영적인 하나님이지만 세상 일에 이렇게 간섭하신다고 흥분해서 말했습니다. 그 다음날 그는 그 차로 서울을 잘 다녀왔다는 것입니다.

저는 그런 신앙은 광적인 신앙이며 무속적인 신앙으로 그렇게 예수를 믿거나 그렇게 믿으라고 가르친다면 무당종교가 되고 만다는 말이 목에까지 올라왔는데 밖으로 말하지 못했습니다. 그가 신체의 결함이 있는 많은 사람과 연로자들을 지압이나 기도로 낫게 해서 교회로 인도한 사람이 한두 사람이 아니었습니다. 또 그는 주께서 그의 기도를 들어 주시고 그에게 늘 이적을 행해 이끄신다는 것을 확실히 믿고 흔들리지 않는 사람입니다. 도장에 오는 학생들에게도 시작하기 전에 성경을 한 구절씩 암송시켰는데 그것 때문에 학생들이 떨어져나가도 태도를 바꾸지 않고 가난을 감수하고 사는 사람입니다. 무언가 어긋나고 있다고 생각하면서도 저는 그 앞에 서 있으

면 '주여, 주여' 하고 입술로만 공적을 쌓는 기독교인 같아서 말문
이 막힌 것입니다.

하나님께서 하시는 일은 모두 헤아릴 수가 없으며 정말 하나님께
서 그를 그렇게 살게 하고 계신다면 제가 그에게 하고 싶었던 말이
틀렸다는 생각을 합나다.

 기도

하나님, 주를 어떻게 믿어야 하는 것입니까? 깨달음을 주십시오. 아멘.

추수할 일꾼을 보내주소서

그래서 제자들에게 말씀하셨다. "추수할 것은 많은데, 일꾼이 적다.
그러므로 너희는 추수하는 주인에게 일꾼들을 그의 추수밭으로 보내시라
고 청하여라."

마 9 : 37,38

예수님은 산상수훈을 마친 뒤 바로 많은 병자를 고치고, 귀신을
내어 쫓으며, 바람과 바다를 꾸짖어 잔잔케 하셨습니다. 심지어 죽
은 자를 일으키기도 했습니다. 그러다가 한번은 이런 이적과는 별
상관이 없어 보이는 말씀을 하십니다. 자기 주변에 모여든 무리를
보시고 추수할 것은 많되 일꾼이 없다고 하시는 것입니다. 무엇을
추수한다는 말입니까? 가을 들녘에 누렇게 익은 벼나, 빨간 사과나,
주렁주렁 매달린 감을 보면 추수할 것이 많다는 생각이 들지만 몰
려든 무리들을 보고 추수할 것이 많다는 생각을 왜 하셨는지 얼핏
유추가 안 됩니다. 분명히 물질적인 추수가 아니라 영적인 추수를
말하고 있는 것 같습니다. 그러나 영적인 추수라 할지라도 목자 없
는 양같이 유리하는 무리를 보고 수확하기에 적절하게 무르익었다

고 생각하기 힘듭니다.

예수님은 마귀의 시험을 이기고 공생애를 시작하면서부터 모든 도시와 마을에 두루 다니며 사람들을 가르치고 병자들을 고치셨습니다(마 4 : 23, 9 : 35). 이 천국 복음의 전파는 하나님의 말씀을 잘 깨닫고 있는 바리새인들이 예수님을 돕고 함께 가르쳐야 할 일이었습니다. 그러나 바리새인들은 오히려 주님 곁으로 모여든 무리들을 흩어 놓으려 했습니다(마9 : 34). 그래서 예수님은 모여든 무리들이 목자 없는 양 같다고 아주 불쌍히 여기셨습니다. 천국은 가까이 와 있는데(마 4 : 17) 그들이 삯군 목자에 의하여 멸망으로 가는 것을 보는 게 안타까웠던 것입니다. 이 목자 없는 양 같은 무리들에게 천국 복음을 전하는 것을 예수님은 수확이라고 하신 것입니다. 그들은 가르치고 고쳐서 하나님의 곳간에 들여 놓아야 하는 존재들이었습니다.

요즘도 예수님을 만나기 위해 교회로 모여든 많은 무리들을 봅니다. 그런데 우리 기성 교인들이 그들을 흔들어 흩어놓는다면 예수님은 참그리스도인들을 보고도 추수할 것은 많은데 일꾼이 적다고 할 것입니다.

다음은 얼마 전 새 신자로부터 들은 상담 내용입니다. 믿음이 좋아 보이는 한 권사가 자기더러 기도를 열심히 하라고 말하면서 이런 꿈은 자주 꾸는 것이 아닌데 꿈에 하나님이 자기에게 나타나 열심히 기도하지 않으면 가정에 우환이 있을 것이라는 계시를 받았다고 그 자매에게 말했다는 것이었습니다. 그 말을 듣고 꺼림칙했으나 그냥 넘겼는데 2주 후 다시 만났을 때, 그 권사는 기도 열심히 하라고 했는데 새벽기도에도 철야기도에도 안 보이더라고 말하며 사실은 가정의 우환은 그 교우의 어린애가 정신질환을 앓게 된다는 것이라고 말했다고 합니다. 그 새 교우가 얼마나 상처를 받았겠습니까?

인간이 죄를 지은 후부터 하나님을 볼 수 없게 되었는데 인간을 사랑하시는 하나님은 어떤 방법으로든 인간과의 교제를 회복하시고자 하십니다. 구약 시대에는 특수계시로 선지자에게 하나님을 계시해 주시거나 또는 천사나 선자자에게 들려주시는 음성을 통해 백성들은 간접적으로 하나님을 만났지만 하나님의 본체이신 예수님이 온 뒤로는 성령이나 성경을 통해 직접 누구나 하나님의 계시를 보게 되었다. 따라서 어떤 특별한 사람이 자기를 통해 하나님의 계시가 임했다고 말하는 것은 그 사람의 특수한 종교체험이나 감정 때문에 오는 착각이나 오만일 수 있으니 조심해야 한다고 저는 그 자매에게 말해 주었습니다.

그래도 그 자매는 흔들리는 것 같았습니다. 참그리스도인들은 잃은 영혼들의 추수꾼입니다. 예수님께서는 그들에게 추수할 것이 많으니 추수하는 주인에게 추수할 일꾼을 보내달라고 기도하라고 말하십니다. 내가 추수꾼이라고 자만하지 말고 나를 포함해서 먼저 추수할 사람을 보내달라고 하나님께 기도해야 합니다. 하나님께서 보내신 추수할 일꾼이 필요합니다. 주 앞으로 모여든 무리들을 흩어 놓는 바리새인이 되어서는 안 될 것입니다.

 기도

우리의 목자가 되시는 주님, 내가 흔들리지 말고 오직 주의 일에 더욱 힘쓰는 자가 되기를 원합니다. 주 안에서 우리의 수고가 헛되지 않을 것을 믿습니다. 아멘.

그래도 기도해야 합니다

그러므로 그들을 본받지 말아라. 하나님 너희 아버지께서는, 너희가
구하기 전에, 너희에게 필요한 것이 무엇인지를 알고 계신다.

마 6 : 8

예수님은 기도할 때 이방인처럼 중언부언하지 말라고 하시면서
하나님은 구하기 전에 우리에게 있어야 할 것을 다 알고 계신다고
말했습니다. 미리 다 알고 계시는데 그래도 기도를 해야 합니까? 사
실 우리 사정을 하나하나 보고해야 그때에 가서 처음으로 우리의
사정을 아시며, 기도로 어려워진 사정을 업데이트해서 말씀 드려야
개인 정보를 수정하고 알게 된다면 하나님이 아니지요. 그분은 우
리의 모든 것을 다 알고 계십니다. 그런데 굳이 기도를 해야 하느
냐고 묻는 사람이 있습니다. 그래도 예수님은 기도를 해야 한다고
말씀하십니다. 바로 이 성구 뒤에 주기도문을 가르쳐 주셨으며 "구
하여라, 주실 것이요, 찾아라, 찾을 것이요, 문을 두드려라, 열어 주
실 것이다."(마 7 : 7)라고 기도를 강조하셨고, "깨어서 기도하여라."

(막 14 : 38)고 말씀하시고 본인도 한적한 곳에서 늘 기도하셨습니다. 바울도 "끊임없이 기도하십시오."(살전 5 : 17)라고 권했습니다.

기도는 예수님의 말씀 때문에 의무적으로 하는 것이라고 저는 생각하지 않습니다. 믿는 자는 자기를 온전히 잘 아는 하나님께 기도드리지 않고는 이 세상을 살기가 힘들기 때문이라고 생각합니다. 그런데 언제부터인지 기도는 하나님께 온전히 자기를 맡기고 함께 사는 차원을 넘어 무엇인가를 구하고 반드시 전능자가 응답해주고 해결해 주어야 한다고 생각하는 사람들이 늘게 되었습니다. 그래서 기도 청구서 목록을 쓰고 청구 날짜와 응답받은 날짜를 기록하는 사무적인 일까지 하게 되었습니다.『어떻게 기도에 응답받을 수 있는가(How to get what you pray for)?』의 저자 빌 오스틴은 자기의 초기 사역을 돌아보며 교회 건축을 할 때, 자기가 하나님 앞에 서원한 헌금을 드리지 못하게 되자 교인들 앞에 덕이 되지 못한 것을 괴로워하며 하나님께서 간섭해 주셔야겠다고 기도했습니다. 그런데 다음날 아내가 시내에서 차를 세우고 내릴 때 땅에 떨어진 돈 지갑을 밟았는데 그 안에는 하나님 앞에 서원했던 정확한 금액(얼마나 적게 약정했는지)이 들어 있었습니다. 야릇하게도 경찰에 신고한 그 지갑은 주인이 나타나지 않아 헌금했다는 이야기로 기도응답의 사례를 적어 놓았습니다. 그는 한걸음 더 나아가 왜 하나님께 서원한 금액보다 좀 더 넣어 용돈도 주시지 않았는지 모르겠다고 했습니다. 하나님과 너무 친밀하게 지내는 사람의 이야기입니다. 이 저자는 기도는 하나님께서 약속하신대로 반드시 응답해 주신다는 것을 말하기 위해 쓴 것이지 이 사례대로 무엇이나 청구하고 반드시 받아내라는 뜻은 아니라고 생각합니다. 기도는 하나님께서 문제를 해결해서 우리에게 돌려 주시는 것이라고 생각하십니까?

제가 존경하는 어느 전도사는 기도를 많이 하시는데 자기를 위해서는 기도를 하지 못하고 남을 위해서 기도할 때만 기도의 문이 열린다고 말했습니다. 공감합니다. 그런데 어떤 분은 기도에 응답을 받을 수 없으면 무엇 때문에 기도하느냐고 합니다. 그렇습니다. 하나님께서는 기도에 응답해 주십니다. 구하면 주십니다. 찾으면 찾아낼 것입니다. 두드리면 열릴 것입니다. 그러나 하나님의 생각은 우리 생각과 다르며, 하나님의 길은 우리 길과 다릅니다. 그러기 때문에 아들이 방탕한 길을 가지 않게 해달라고 낙심하지 않고 기도하고 있으면, 하나님께서는 여러 해 뒤에 반드시 회심한 아들로 돌아오게 해 주십니다.

저는 억울하고 답답한 사정이 생기면 가장 믿을 수 있는 친구를 찾아 사정을 털어 놓습니다. 그러나 마음의 평화는 저를 속속들이 더 잘 아시는 하나님께 사정을 아뢸 때 찾아옵니다. 저는 그것을 기도라고 부릅니다. 하나님께서 제 답답한 마음을 평온하게 해 주시지 않겠습니까?

 **기도**

늘 저를 감찰하시는 주님, 주님을 의지하고 기도할 수 있게 하시니 감사합니다. 제 곁을 떠나지 마시고 제 친구가 되어 주십시오. 아멘.

하나님의 능력의 통로

그런 다음에, 삼손은 그 신전을 버티고 있는 가운데의 두 기둥을, 하나는 왼손으로, 또 하나는 오른손으로 붙잡았다. 그리고 그가 "블레셋 사람들과 함께 죽게 하여 주십시오!" 하고 외치며, 있는 힘을 다하여 기둥을 밀어내니, 그 신전이 무너져 내려 통치자들과 모든 백성이 돌더미에 깔렸다. 삼손이 죽으면서 죽인 사람이, 그가 살았을 때에 죽인 사람보다도 더 많았다.

삿 16 : 29-30

삼손이 이스라엘 사사로 20년을 지냈는데 그는 참으로 특이한 사사입니다. 이스라엘 백성이 회개하고 부르짖으면 하나님께서는 그때 사사를 보내셨는데 40년 동안 이스라엘 백성이 블레셋의 압제를 받으면서도 회개하고 부르짖었다는 기록이 없습니다. 그런데 출산하지 못한 단 지파의 마노아의 아내에게 하나님의 사자가 나타나 출산의 소식과 함께 아들을 나실인으로 양육할 것을 명하시면서 그가 이스라엘을 블레셋으로부터 구원할 사사가 될 것이라고 하나님께서 먼저 말씀하셨습니다.

이스라엘의 경건한 나실인으로 태어나서 성장한 삼손은 딤나에 가서 블레셋의 이방 여자와 결혼했습니다. 아내에게 이혼당한 뒤 가사에 가서 기생과 잤고, 드디어는 이방 여자 들릴라와 사랑에 빠지게 되

없습니다. 사사가 나타나면 나라가 평안해졌는데 그는 20년간 사사로 있으면서 나라를 평안히 하기는커녕 하나님으로부터 받은 놀라운 힘을 과시하여 오히려 블레셋 사람들의 분노를 불러일으켰습니다.

사사는 이스라엘을 구원할 지도자라야 하는데 아내에게 이혼당한 분풀이로 블레셋 사람의 곡식밭을 망쳐놓았습니다. 블레셋 사람들이 유다에 진을 치자 삼손은 혼자서 복수한다고 싸우고 다녔습니다.

그럼에도 불구하고 하나님께서 세우신 삼손이 자랄 때 여호와의 영이 그를 움직이기 시작했으며(삿 13 : 25), 이방 여자와 결혼하러 내려 갈 때도 여호와의 영이 삼손에게 강하게 임하여 사자를 찢었습니다(삿 14 : 6). 그가 처가에서 수수께끼의 경합에서 억울하게 패했을 때 여호와의 영이 갑자기 임해서 블레셋 사람 30명을 쳐 죽였습니다(삿 14 : 19). 이스라엘 동족들이 숨어 있는 그를 찾아 적군에 넘겼을 때 여호와의 영이 삼손에게 갑자기 임했습니다(삿 15 : 14). 삼손이 나귀의 새 턱뼈로 천명을 죽이고(그것도 혼자서) 목이 말라 여호와께 부르짖었을 때 물이 솟아나게 해 주셨습니다(삿 15 : 19). 들릴라 때문에 블레셋 사람에게 붙들려 눈이 뽑히고 다곤의 신전에서 놀림감이 되어 "주 하나님, 나를 기억하여 주시기를 간절히 바랍니다. 하나님, 이번 한 번만 힘을 주시기를 간절히 바랍니다. 나의 두 눈을 뽑은 블레셋 사람들에게 단번에 원수를 갚게 하여 주십시오."(삿 16 : 28)라고 했을 때 하나님께서는 응답하셨습니다. 삼손은 마지막 순간에 다곤 신의 승리를 축하하며 제사를 드리고 즐거워하던 블레셋 백성들의 간담을 서늘케 하고 자신이 살아서 죽인 자보다 죽을 때 죽인 자의 수가 더 많게 하였습니다. 삼손은 죽을 때 블레셋 백성에게 이스라엘의 사사로 두려운 존재가 되었습니다. 이스라엘 사람들이 그의 시체를 가지러 다곤의 신전으로 갔을 때 블레셋 사람들은 이스라엘의 하나님을 두려워해서 전혀 방해하지 않았습니다.

사사기에서 삼손의 기사를 읽고 있으면 삼손의 개인적인 욕망과 하나님의 섭리는 씨줄과 날줄처럼 얽혀져서 삼손의 행위는 이스라엘을 구원코자 한 하나님의 섭리인지 삼손의 단순한 욕망인지 분별하기가 어렵고, 과연 삼손은 사사인가 하고 회의적인 생각이 들 때가 많습니다. 그러나 하나님께서는 삼손을 하나님의 능력의 통로로 사용하신 것입니다. 이스라엘을 구원할 나실인인 삼손을 사사로 주겠다는 하나님의 약속은 이루어진 것입니다.

우리는 삼손 같은 능력을 받지 못했습니다. 그러나 우리를 향한 하나님의 목적이 있으십니다. 하나님의 뜻이 계시고 우리를 택하시면 우리가 어떤 길을 걸었다 할지라도 하나님께서 우리를 통해 이루지 못하신 마지막 소원을 간구하면 우리도 하나님의 능력의 통로가 될 수 있습니다.

 기도

하나님께서 나를 택하셨으니 반드시 나를 통해 뜻을 이루실 줄을 믿습니다. 아멘.

칭찬해 보면 그 사람을 압니다

도가니는 은을, 화덕은 금을 단련하듯이, 칭찬은 사람됨을 달아 볼 수 있다.

잠 27 : 21

은이나 금은 뜨거운 불 속에 넣어보면 불순물이 얼마나 있는지 곧 알 수 있습니다. 사람도 역경과 고난과 유혹 등을 통해 그 신앙의 순수성을 가늠해 볼 수 있습니다. 우리는 고난을 당하면 긴장합니다. 마귀가 우는 사자와 같이 우리를 삼키려 한다고 생각하고 죄를 회개하고 하나님께 매달려 기도합니다. 그러기 때문에 시편 기자도 "고난을 당한 것이, 내게는 오히려 유익하게 되었습니다. 그 고난 때문에, 나는 주의 율례를 배웠습니다."(시 119 : 71)라고 고백했습니다. 사람은 어둠 속에서, 고난 가운데서 주의 음성을 듣습니다. 그러나 칭찬을 들으면 자만심이 생기고 하나님으로부터 멀어지기 쉽습니다. 그래서 잠언에서는 정말 사람을 시험하여 보려면 칭찬을 해보아야 한다고 말했습니다(man is tested by the praise he receives). 칭찬을 받으면 받을수록 우쭐해지고, 교만해지고, 안하무인이 되고, 자기 의를 드러내고, 영광을 독점하는 사람이 있습니다. 그는 더 이상 기도하지 않습니다. 이러한 태도는 주님만 바라고 살기보다는 오히려 주님을 자기의 욕심과 야망을 채워주는 협력자로 생각해 온 사람이 취하는 태도입니다. 그러나 칭찬을 받으면 받을수록 겸손해지고, 남을 위해 자신을 희생하고, 모든 영광을 하나님께 돌리는 사람이 있습니다. 이것은 자기가 이룬 모든 것은 주님의 인도 때문이었으며 자기의 뜻대로 행한 것은 없다고 생각하는 사람이 취하는 태도입니다.

칭찬을 받으면 교만해지느냐 겸손해지느냐가 사람을 판단하는 기준이 됩니다.

도가니로 은을, 풀무로 금을 시련하듯이 칭찬은 사람을 시련하는 더 차원 높은 방법입니다. 결국 칭찬은 고난처럼 마귀가 보낸 또 하나의 달콤한 시험입니다. 이를 잘 소화하는 사람이 고난을 극복한 사람보다 더 귀하다고 볼 수 있습니다.

 기도

사랑의 하나님, 칭찬을 받을 때는 겸손해지고 더욱 나를 돌아볼 수 있게 해 주십시오. 아멘.

당신은 사랑받기 위해……

> 나는 그리스도와 함께 십자가에 못박혔습니다. 이제 사는 것은 내가
> 아닙니다. 그리스도께서 내 안에서 사시는 것입니다. 내가 지금 육신 안
> 에서 사는 것은 나를 사랑하셔서, 나를 대신하여 자기 몸을 내주신 하나
> 님의 아들을 믿는 믿음 안에서 사는 것입니다.
>
> 갈 2 : 20

주님의 고난을 묵상하며 우리의 신앙이 바른 복음 위에 서 있는
지 돌아봅니다. 하나님께서는 인간이 타락하여 자기 죄를 깨닫지
못하는 것을 불쌍히 여기셔서 독생자를 인간의 모습으로 태어나게
하셔서 우리를 대속하기 위해 십자가에 돌아가게 하셨습니다. 그런
데 우리는 하나님의 큰 사랑을 망각하고 아들을 통하여 하나님과
인간 사이에 막힌 담을 허시고 은혜의 보좌로 담대히 나갈 수 있게
해주신 구원을 너무 소홀히 생각하고 있는 것 같습니다.

"주의 이름을 부르는 사람은 누구나 구원을 얻는다(롬 10 : 13). 구
원이란 광야에서 불뱀에 물린 사람들이 기둥 위에 달아 놓은 구리
뱀을 보면 살아나는 것처럼 쉽게 얻을 수 있다(민 21 : 9). 또 죽기
전 십자가에 달린 행악자처럼 '예수님, 예수님께서 그 나라에 들어

가실 때에, 나를 기억해 주십시오.'(눅 23 : 42)라고 하기만 하면 구원
은 얻는다."라고 생각합니다. 이렇게 값싸게 구원을 얻은 자들은 죽
어도 결코 심판을 받지 않는다(요 3 : 18)고 자만하며 믿는 사람은
사랑받고 축복받은 자들이라고 높은 고지를 점령한 사람처럼 교만
할 때가 많습니다. 다음 복음성가를 생각해 보십시오.

당신은 사랑받기 위해 태어난 사람, 당신의 삶 속에서 그 사랑받고 있지요……

"자부심을 갖고 사십시오. 당신은 사랑받기 위해 태어났습니다.
당신은 그 사랑을 못 느낍니까?" 이런 뜻인데 누가 누구에게 한 말
입니까? 내가 선언하는 이 말이 하나님께 드리는 찬양일까요? 고난
주간에도 우리는 사랑받기 위해 태어났다고 기뻐하며 손을 높이 흔
들고 찬양합니다. 정말 우리는 사랑받기 위해 태어났을까요? 물론
하나님께서 세상을 사랑하셔서 독생자를 주셨기 때문에 모든 인간
은 사랑의 대상입니다. 그렇지만 하나님의 사랑의 목적과 그 큰 사
랑을 이루기 위해서 치루신 십자가 희생의 의미를 깨닫지 못하고
순전히 자기 중심적인, 이기적 자부심으로 사랑받기 위해서 태어났
다는 식으로 말하는 것은 무모한 발상입니다. 그것은 자신의 죄의
심각성을 제쳐놓고 자기가 마치 태어날 때부터 거룩하신 하나님의
사랑을 당연히 받을 수 있는 자격이라도 가진 듯한 착각을 하는 것
입니다. 우리는 오히려 '사랑받기 위해서'라기보다는 '하나님의 사랑

으로’ 태어났습니다. 그러므로 사랑받기보다는 “사랑하라”는 새 계명을 실천하며 하나님의 백성으로 살기 위해 태어났다(요13 : 34)고 고백해야 할 것입니다. 죽도록 미운 사람을 사랑할 수 없는 우리가 그분 때문에 원수를 사랑할 수 있게 된 것입니다. 우리를 사랑하사 자기 몸을 버리신 주께서 우리와 함께 사시며 성령의 능력으로 미운 사람을 사랑하게 되는 변화를 체험하게 해 주신 것입니다.

 기도

사랑의 주님, 주께서 우리를 먼저 사랑해 주신 것을 감사합니다. 그 사랑을 힘입어 미운 사람까지 사랑하게 해 주십시오. 아멘.

줄로 재어 나에게 주신 땅

줄로 재어서 나에게 주신 그 땅은 나에게 기쁨을 주는 땅입니다. 참으로 나는, 빛나는 유산을 물려받았습니다.

시16 : 6

하나님께서는 땅에 기초를 놓아 흔들리지 않게 하셨습니다. 땅을 깊은 바다로 덮으시매 물이 산들 위로 솟아올랐으나 주께서 꾸짖으시니 도망하여 주께서 정하신 곳으로 흘러가서 산은 오르고 골짜기는 내려갔습니다. 샘을 골짜기에 솟아나게 하시고 산 사이에 흐르게 하시니 들짐승도 마시고 공중의 새도 그 가에서 깃들고 나뭇가지 사이에서 지저귀게 되었습니다(시 104 : 5-12). 이것이 하나님이 디자인한 세상입니다. "너희는 내 앞에서 떨리지도 않느냐? 나는 모래로 바다의 경계선을 만들어 놓고, 바다가 넘어설 수 없는 영원한 경계선을 그어 놓았다. 비록 바닷물이 출렁거려도 그 경계선을 없애지 못하고, 아무리 큰 파도가 몰아쳐도 그 경계선을 넘어설 수가 없다."(렘 5 : 22)라고 하나님은 이스라엘 백성에게 말했습니다. 바다에도 한계를 두어 자연이 질서를 유지하도록 하나님은 디자인한 세상을 관리합니다. 그런데 이 바다의 경계선을 넘어 쓰나미 같은 것이 몰려들면 재난이 오게 됩니다.

인간에게도 각자에 맞게 하나님이 줄로 재어 구역을 관리하게 해주었습니다. 그런데 사람들은 끊임없이 이 구역을 무시하고 다른 사람의 영역을 침범하려 합니다. 그러나 인간이 가장 행복할 때는 주어진 구역에 만족하여 감사할 때입니다(줄로 재어서 나에게 주신 그 땅은 나에게 기쁨을 주는 땅입니다. 참으로 나는, 빛나는 유산을 물려받았습니다!). 선거철이 되면 대부분의 후보들이 모두 자기 분수를 넘어 광분하고 있습니다. 육신의 정욕과 안목의 정욕과 이생의 자랑에 눈이 어두워져서 정신질환을 앓고 있는 상태입니다.

그리스도인은 자기를 자극하는 어떤 유혹이 있다 할지라도 세상을 택하지 않으며 아무리 자기 상태가 초라해진다 할지라도 하나님의 약속 가운데 있는 유업을 사모하며 하나님과 교제를 나누는 삶을 택하는 참된 신앙인의 삶을 보여줄 때입니다. 지금은 자기 홍보의 시대인데 하나님께서 줄로 재어 주신 구역이라고 그 속에 박혀있으면 어떻게 세상에 나가 선한 일을 할 수 있느냐고 항의할 것입니다. 그러나 그리스도를 믿으면 세상이 좁아지는 것이 아니고 넓어집니다. 인간의 왜소한 눈으로 보지 않고 하나님의 광대한 눈으로 창조된 세상과 그 질서를 보기 때문입니다. 그뿐 아니라 정해주신 구역은 하나님께서 꿈을 주시면 더 넓어집니다. 다윗은 들에서

양을 치고 있었는데 하나님께서 그를 부르셔서 왕으로 기름을 부으셨습니다. 그때부터 그의 지경은 넓어졌습니다.

우리 교회에서는 이번에 장로와 안수집사와 권사를 뽑았습니다. 인원이 한정되어 있기 때문에 피택되지 않은 분이 있습니다. 그분이 자기보다 여러 면에서 못한 사람이 피택되고 자기는 빠졌다고 생각하면 혼란이 옵니다. 이때 어떻게 하면 하나님의 눈을 갖고 넓은 세상을 보는 것입니까? 내가 꼭 뽑혀야 한다는 생각이 신기하게 사라지는 방법은 예수 그리스도에게 자신의 삶을 맡기는 것입니다. 하나님께서 나를 뽑아 줄 수 있고 안 뽑아 줄 수 있으며 뽑아서 지도자로 일하게 할 수도 있고 남모르게 계속 숨어서 봉사할 수도 있게 해 주신다고 믿고 자기를 온전히 주께 맡기는 일입니다. 그렇게 사는 사람은 큰 안목으로 넓은 세상에서 사는 사람입니다.

 **기도**

전능하신 하나님, 하나님께서 내게 맡겨주신 구역을 감사함으로 감당하게 하시며 더 크게 지경을 넓혀 주실 때 기쁨으로 응답할 수 있게 해 주십시오. 아멘.

질그릇에 담긴 하나님의 보배

우리는 이 보물을 질그릇 속에 담고 있습니다. 그것은, 이 엄청난 능력이 하나님에게서 나오는 것이지, 우리에게서 나오는 것이 아님을 드러내시려고 하는 것입니다.

고후 4 : 7

질그릇으로 된 화분에 아름다운 꽃이 피어 있는 것을 보고 사람들은 감탄합니다. 그러나 그 감탄은 질그릇 때문이 아니라 그 속에 피어 있는 아름다운 꽃 때문입니다. 그리스도의 사람들은 비록 질그릇에 불과할지라도 숨겨진 하나님의 보배를 간직한 사람들입니다. 질그릇은 하나님의 보배를 안고 있는 것을 자랑해야 합니다. 동시에 질그릇은 자기가 질그릇이라는 것을 깨달아야 합니다. 우리는 다 질그릇 같은 존재들입니다. 자기가 약하고 깨어지기 쉬운 질그릇이라는 것을 알아야 합니다. 자기가 질그릇이라는 것을 가장 잘 모르는 사람은 정치인인 것 같습니다.

이런 위기에는 당신 같은 사람이 출마하여 나라를 구해야 한다고 부추기면 자기가 바로 그런 사람이라고 생각합니다. 학벌이나 경력이나 두뇌나 지도력이나 자기만한 사람이 없다고 생각합니다. 그는 거품 속에서 부풀어진 환상으로 유권자를 또 거품으로 선동합니다. 그가 내놓은 공약이 그럴싸하고 유권자의 구미를 자극하지만 막상 투표가 끝나고 나면 거품이 빠지고 절망하게 됩니다. 바로 국민에게 사과하고 쥐 죽은 듯이 있다가도 기회만 생기면 또 자기가 정치를 해야 하는데 서툰 사람의 하는 짓을 보고 있으니 답답하다고 불평을 하기 시작합니다. 물론 그런 이에게 정치의 안목이 있고 재능이 있는 것도 사실일 것입니다. 그러나 그 안목과 재능을 누가 준 것인지 깨닫지 못합니다. 오직 자기는 깨어지기 쉬운 질그릇이며 모든 은사는 주님께서 주신 것을 깨닫는다면 얼마나 귀한 정치인이 될 수 있을까요? 그렇게 되어 하나님께 영광을 돌리는 삶을 산다면 참으로 귀한 일입니다.

우리도 예외는 아닙니다. 누가 칭찬해 주면 우쭐해서 자기 힘으로 큰일을 한 것처럼 생각합니다. 증권을 사서 몇 번 이익을 보면 자기에게 그런 재능이 있는 줄 알고 크게 투자해서 실패하는 경우는 얼마든지 있습니다. 우리는 연약한 질그릇입니다. 질그릇 안에 가지고 있는 것은 하나님께서 우리에게 덧입혀주신 보배입니다. 겸손해져서 주께 영광을 돌려야 합니다.

어떤 골동품상에서 고양이가 밥을 먹고 있었습니다. 그런데 한 상인이 그 고양이의 밥그릇이 아주 귀한 골동품인 것을 알게 되었습니다. 그래서 주인에게 비싼 값으로 고양이를 사겠다고 제안했습니다. 주인은 선선히 고양이를 팔았습니다. 고양이를 품에 안자 상인은 그 밥그릇도 함께 주면 어떠냐고 말했습니다. 그러자 주인은 "고양이를 사는 사람들에게 그런 말을 많이 들었습니다. 그러나 이 그릇은 파는 것이 아닙니다."라고 거절했다고 합니다.

고양이는 자기가 잘 생겨서 비싼 값에 팔렸습니까? 자기를 돋보이게 하는 골동품 그릇 때문이었습니다. 탤런트니 운동선수가 비싼 값으로 전속계약을 하게 되는 것은 하나님께서 그들에게 주신 은사 때문입니다.

기도

감찰하시는 아버지, 저는 질그릇입니다. 저에게 귀한 보배를 안겨 주셔서 주께 영광 돌릴 수 있게 해 주신 것을 감사 드립니다. 아멘.

하늘은 스스로 돕는 자를 돕는다

나는 포도나무요, 너희는 가지다. 사람이 내 안에 머물러 있고, 내가
그 사람 안에 머물러 있으면, 그는 많은 열매를 맺는다. 너희는 나를 떠
나서는 아무것도 할 수 없다.

요 15 : 5

'하늘은 스스로 돕는 자를 돕는다.'는 말이 있습니다. 남의 도움을
바라거나 스스로는 아무 것도 할 수 없다고 믿고 있는 사람은 하나
님도 어떻게 도와줄 수 없다는 말로 들립니다. 그러나 성경에는 "나
를 떠나서는 너희가 아무 것도 할 수 없음이라."고 씌어 있습니다.
하나님은 자기 힘으로 무엇인가를 했다고 생각하는 사람을 싫어합
니다. 기드온이 미디안 군대와 싸울 때 삼만 명의 군대가 너무 많다
고 다 돌려보내고 300명을 남겨 싸우게 했습니다. 자기 능력으로 적
을 무찔렀다고 생각하면 인간은 오만해지고 하나님을 믿지 않게 되
기 때문입니다. '스스로 돕는 자'는 어떤 사람을 말합니까? 인간들은
절단된 포도나무 가지 같은 존재여서 그 안에 생기를 줄 만한 아무
것도 가지고 있지 않습니다. 가지가 포도나무에 붙어 있을 때만 진

액을 빨아들여 가지에 공급하고 열매를 맺습니다. 따라서 자기가 스스로 자기를 돕는다고 생각하는 것은 망상이라는 뜻입니다.

기독교인은 하나님의 뜻을 좇아 지상에 사는 사람들입니다. 하나님의 뜻을 인간이 땅에서 이루는 이중성 때문에 기독교인은 위선자로 살기 쉽습니다. 그런데 예수님은 철저하게 하나님의 뜻대로 사셨습니다. 그러나 동시에 인간의 모습으로 사셨기 때문에 세상 사람들은 예수님도 같은 인간인 줄 알고 그를 조롱하고 찌르고 십자가에 못 박았습니다 반면 철저히 인간적으로, 자기 뜻대로 지상에서 살고 있으면서 하나님의 뜻대로 사는 것처럼 거룩한 탈을 쓰고 있는, 그래서 자기를 다른 사람과 차별화하려고 하는 기독교인도 많이 있습니다.

"제가 대통령이 되면 온 인류가 기독교 윤리를 실천하고 살도록 하겠습니다. 평화를 위해 지상에서 테러를 근절하겠습니다. 이를 위해 무력이라도 불사하겠습니다. 하나님이여, 도와주십시오."라고 말했다면 그는 분명 기독교인의 탈을 쓰고 있는 거짓 기독교인입니다. 또한 교회에 잘 나가는 근엄한 기독교인이 "정치인은 공인된 사기꾼인데 권력과 재력을 가지려면 그 정도의 부정은 흔한 일 아니야? 대통령만 시켜봐. 다 그 뒤에 줄 서느라고 정신없을 걸. 내 생각엔 부도덕하다고 하는 그 사람이 꼭 우리나라에 걸맞은 대통령 같은데."라고 부정한 정치인을 두둔한다면 그는 분명 거룩한 탈을 쓴 위선적인 기독교인입니다.

그러나 판단하기 어려운 경우도 있습니다. 한 젊은 여집사는 20년 동안에 집을 6번이나 팔고 사곤 해서 13평 집을 44평으로 늘렸다고 합니다. 그 여집사의 이야기는 자기가 큰 집을 갖게 된 것은 자기 친구 때문에 받은 모욕감을 씻기 위해 오직 돈을 벌어야겠다는 일념으로 피나는 노력을 한 결과 그리 되었다고 합니다. 그동안 창피할 만큼 절약 생활을 했으며, 사기를 당하고 손해를 봤을 때는 다시 일어서기까지 눈물이 침상을 띄울 만큼 울며 기도했다고 했습니다. 교회의 기도회에 빠지지 않았으며 헌금도 할 만큼 했다고 합니다. 돈을 모으려면 매사에 긍정적인 생각을 가지고 끊임없이 새로운 아이디어로 도전해야 하는데 '하늘은 스스로 돕는 자를 돕는다.'는 말을 자기는 지금도 금언으로 생각하고 실천하고 있다고 합니다. 어떻게 생각하십니까? 진실한 기독교인입니까? 위선적인 기독교인입니까?

그녀가 경쟁심에서 돈을 모으고 돈으로 자신의 신분을 높이기 위해 하나님께 도움을 요청했다면 하나님을 이용한 위선적인 기독교인입니다. 그러나 그가 늘 주를 바라보고 주께서 공급해주시는 스태미나로 일을 해왔다면 위로부터 난 지혜로 산 착한 기독교인일 것입니다.

 기도

진리의 하나님, 우리가 포도나무에 붙어 있기를 원합니다. 하나님께서 주시는 생기로 가지를 뻗어 열매 맺기를 원합니다. 아멘.

선물과 뇌물

은밀하게 주는 선물은 화를 가라앉히고, 품 속에 넣어 주는 뇌물은 격한 분노를 가라앉힌다.

잠 21 : 14

성서에서 '선물'은 긍정적인 뜻으로, 그리고 뇌물은 부정적인 뜻으로 많이 쓰이고 있습니다. "선물은 사람이 가는 길을 넓게 열어 주고, 그를 높은 사람 앞으로 이끌어 준다."(잠18 : 16), 또 "너그럽게 주는 사람에게는 은혜 입기를 원하는 사람이 많고, 선물을 잘 주는 사람에게는 모두가 친구이다."(잠 19 : 6)라고 말합니다. 반면에 뇌물에 대해서는 부정적인 말이 많습니다. "악인은 가슴에 안겨 준 뇌물을 먹고서, 재판을 그르친다."(잠 17 : 23), 또 "네가 조금 먹은 것조차 토하겠고, 너의 아첨도 헛된 데로 돌아갈 것이다."(출 23 : 8)라고 말하고 있습니다. 그런데 잠언 21장 14절은 뇌물이 긍정적인 뜻으로 쓰이고 이런 악한 뇌물이 억압자의 격한 분노까지 가라 앉힌다고 말해 주고 있습니다.

중추절이 되면 많은 선물 세트들을 주고 받습니다. 고향의 부모님, 평소에 존경하던 분, 스승, 교회의 목사님 등 다양한 분들에게 마음을 전하는 선물입니다. 그런데 선물을 고른다는 것이 그리 쉽지 않습니다. 상대방이 좋아할지 않을지 알 수가 없기 때문입니다. 시간 내서 찾아가는 것도 힘든 일인데 상대방의 기호를 생각하며 고르다 보면, 신경이 곤두서서 아예 '선물 안 주고 안 받기' 운동을 하면 어떨까 하는 생각이 들기도 합니다. 그런데 안 주기는 쉬운데 안 받기는 어려운 일입니다. 자기가 할 수 없는 일이기 때문입니다.

주는 것도 어려운 일이지만, 받는 일도 쉬운 일은 아닙니다. 대가성(對價性)인 뇌물은 거부해야 하는데 주는 사람이 명절을 핑계로 대가성을 교묘히 숨겨서 보내기 때문에 받는 사람도 명절 인사겠지 하고(자기 욕심도 작용해서) 뇌물 같다는 생각을 하면서도 덥석 받기 때문입니다 권력이나 영향력이 없는 보통 사람은 뇌물을 걱정할 필요가 없습니다. 그러나 보통 사람도 선물을 많이 받는 일에 익숙해지면 버릇이 나빠집니다. 가져오던 사람이 안 가져오면 서운해하고 가져온 사람의 선물이 마음에 차지 않으면 귀찮게 생각합니다. 처음에는 가져온 선물에 대해 보답하는 선물을 보내기도 하고 전화나 감사편지를 하기도 하지만 그것도 귀찮아지면 태연해져서 공짜 좋아하는 사람이 되고 맙니다. 우리나라의 선물문화가 이렇게 자리매김하지 않도록 해야 하겠습니다.

기독교인에게 가장 큰 선물은 주께서 값없이 주신 구원의 선물입니다. 그런데 남이 준 선물은 값없이 잘 받고 아무렇지 않으면서 하나님께서 주신 구원의 선물에 대해서는 거저 받는 것이 어디 있느냐고 말하며 무엇인가 대가를 치러야 한다고 생각합니다. 자기도 대가를 치러야 할 뿐 아니라 다른 사람도 대가를 치러야 한다고 다그칩니다. 거저 받는 연습을 그렇게 하고도 하나님의 선물이 거저 주어진 것이라는 데는 고개를 갸우뚱하는 것은 이상한 일입니다. 우리가 하나님의 구원의 선물에 물질이나 행위로 무엇을 돌려 드려야 한다고 생각하는 것은 하나님께서 주신 선물의 무한한 가치를 비하하는 일입니다. 우리가 드릴 것은 상한 심령과 회개하는 마음과 감사뿐입니다. 다만 예수님을 위한 고난을 기쁘게 받읍시다. 이것이 죄 없으시던 예수님이 받은 결백한 고난에 동참하는 일입니다. 이렇게 예수님과 하나가 되는 것 외에 그분이 무슨 대가를 원하시겠습니까? 사람의 선물에는 대가를 지불하고, 하나님의 선물에는 대가 없이 기뻐합시다.

 기도

하나님, 선물이 뇌물이 되지 않게 하시고, 선물을 받을 때 주는 자의 정성 앞에 오만하지 않게 해 주십시오. 특히 하나님이 거저 주시는 구원의 선물을 감격하며 받을 수 있게 해 주십시오. 아멘.

거지와 괴나리봇짐

여러분은, 지난날의 생활방식에 얽매여서 허망한 욕정을 따라 살다가 썩어 없어질 옛 사람을 벗어버리고, 마음의 영을 새롭게 하여 하나님을 따라 참된 의로움과 거룩함으로 지으심을 받은 새 사람을 입으십시오.

엡 4 : 22-24

하루는 거지가 왕궁 옆을 지나다가 벽에 붙은 방을 보았습니다. 다음날 왕궁에서 큰 잔치를 여는데 이곳에는 궁전 예복을 입은 사람은 누구나 참석할 수 있다는 것이었습니다. 이 거지는 평생에 단 한 번이라도 이런 잔치에 참석해 보겠다는 욕심으로 용감히 왕을 알현하기를 간청하여 자기의 소원을 아뢰었습니다. 왕은 왕자를 시켜 예복을 한 벌 주도록 했습니다. 왕자는 그 거지를 목욕시키고 예복을 입혀 주면서 이 옷은 평생 입을 수 있을 것이라고 말했습니다. 그러나 거지는 불안하여 자기의 더러운 옷을 둘둘 말아 괴나리봇짐을 만들어 들고 나왔습니다. 이튿날 그는 멋진 잔치에 참석했으나 자기 행색이 드러나 쫓겨날 것 같아 그 괴나리봇짐을 옆에 두고 불안하게 식사를 했습니다.

오랜 후에 이 거지는 병이 들었습니다. 왕자가 이 말을 듣고 문병을 왔습니다. 그런데 그때도 그 괴나리봇짐이 옆에 있었습니다. 이 거지는 헌 옷을 버리지 못한 것입니다. 왕자를 보자 거지는 눈물을 흘렸습니다. 자기에게 은혜를 베푸신 왕에게 충성을 했어야 하는데 이 헌 옷에 얽매어 그리 하지 못했다는 것이었습니다. 왕자도 안타까워 눈물을 흘렸다는 일화입니다.

우리 인간들은 다른 사람들과 구별된 대접을 받고 싶어 합니다. 상을 받는다든가 부자로 존경을 받는다든가, 뛰어난 지도자로 인정을 받는다든가 하는 특별한 대접 말입니다. 그러나 한편 남과 다른 대접을 받는 것이 두려워 평범한 사람들 속에 끼어서 남의 주목을 받지 않고 적당히 살고 싶어 합니다. 거지는 궁중의 잔치에 참여하는 특권을 누렸지만 거지 생활이 편하고 안일해서 떠나기가 싫었던 것입니다. 인간은 이런 이중구조 속에 살고 있습니다. 기독교인으로 산다는 것은 예수님께서 우리를 세상 사람들로부터 성별(聖別)하여 주셨으므로 하나님 나라를 상속받는 자녀로 구별되게 사는 것을 뜻합니다. 그런데 우리는 남의 주목을 받으며 기독교인으로 사는 것을 거북하게 생각합니다. 술을 못 마시고 담배를 못 피우며 남의 앞에서 식사 기도를 해야 하니 동료들로부터 왕따를 당한 것처럼 어색하고 불안합니다. 바울은 고린도 교인에게 "그리스도께서 나를 보내심은 세례를 베풀게 하려 하심이 아니요. 오직 복음을 전하게 ……."(고전 1 : 17) 하려고 보내셨다고 말했습니다. 세례를 베푸는 거

룩한 모습으로 살라고 부르신 것이 아니고 복음을 전하는 사명을
수행하도록 부르셨다는 말입니다. 우리를 주께서 부르셔서 구별하
여 주심은 여러 은사로 복음을 전하도록 불러주신 것이 분명합니다.
그런데 우리는 거듭나서 새 옷을 갈아 입혀진 것을 자랑스럽게 생각
하기는커녕 헌 옷을 그리워하며 군중 속에서 숨어 살기를 원합니다.

　구원을 받고 성령을 받은 뒤 우리의 가치관은 바꾸어졌는데 하늘
에 속한 신령한 복을 사모하기는커녕 악인들이 번창하는 그 복을
달라고 구합니다. 악인의 풍부함보다 내가 더 풍부해지도록 간구합
니다. 악인이 장수하는 것을 불평하고 시기합니다. 이런 것은 거지
가 죽을 때까지 버리지 못한 괴나리봇짐입니다.

 기도

새롭게 하시는 주님, 세상으로부터 성별되어 거룩한 사명을 갖고 살게 된
것을 자랑스럽게 생각하며 살게 해 주십시오. 아멘.

시편의 저주

시 109 : 8-10

시편에는 저주의 시가 여러 편 있습니다. 109편은 좀 심한 편이어서 성군이라고 불리는 다윗이 어떻게 이런 저주의 시를 썼을까 잘 상상이 되지 않습니다. 우리 같은 속인도 이런 저주의 말은 속으로는 할 수 있을지언정 입 밖으로 드러내어 하기는 어렵습니다. "모든 성경은 하나님의 영감으로 된 것"(딤후 3 : 16)인데 왜 이런 저주가 하나님의 감동으로 되었는지 이런 부분은 성경에서 빼버려야 되는 것이 아닌가 하는 생각이 들기도 합니다. "원수를 사랑하여라. 너희를 미워하는 사람들에게 잘 해주고."(눅 6 : 27)라고 예수님은 가르쳤고, 구약시대에도 "원수가 넘어질 때에 즐거워하지 말고, 그가 걸려서 쓰러질 때에 마음에 기뻐하지 말아라."(잠 24 : 17)라고 말했는데 어찌 신앙이 좋다는 다윗이 이런 저주의 기도를 서슴지 않고 했는지. 우리도 그를 본받아 미운 사람을 위해서는 그런 저주의 기도를 해야 하는 것인지 정답을 모르겠습니다.

한편 다윗이 그렇게 기도할 수밖에 없었을 것이라는 생각이 들기도 합니다. 그는 사울왕 때부터 왕으로 택함을 받아 사무엘에게 기름부음을 받았습니다. 그러나 왕이 되기는커녕 계속 쫓겨 다녔습니다. 수금으로 사울 왕의 악령을 달랬지만 그의 창에 맞아 죽을 뻔하였습니다(삼상 18 : 11, 19 : 10). 다윗은 사울을 피하여 쫓겨 다니는 중 사울을 죽일 기회가 있었지만, 하나님이 기름 부음을 받은 자라고 그를 아꼈습니다. 사울 왕이 죽은 뒤 다윗은 왕이 되었지만, 또 자기가 사랑한 아들 압살롬에게 배반을 당해 도망할 수밖에 없었습니다. 이 어려움을 다윗은 누구에게 호소할 수 있었겠습니까? 이 세상을 만드시고 다스리시는 하나님은 이런 불의를 보고만 계실 분이 아니십니다. 이 불의를 낱낱이 공의로운 하나님께 아뢰고 바른 판결을 해주시기를 바라는 것은 당연한 일이었다고 생각됩니다. 그 악인들을 용서해 달라고 기도함으로 천국의 질서가 유지되겠습니까? 하나님의 진노는 가차 없이 악인들에게 임해야 합니다. 다윗은 자기가 원수를 갚겠다고 기도하는 것이 아닙니다. 이런 불의에 대한 하나님의 진노는 누구든지 면해서는 안 된다는 도덕적, 사회적, 신앙적 정의감의 발로입니다. 그래서 "주님, 이것이 주께서 손수 하신 일임을, 이 일을 하신 분이 바로 주님이심을, 그들이 알게 해주십시오."(시 109 : 27)라고 저주의 결과를 하나님의 진노에 맡기고 있습니다(롬 12 : 19).

예수님께서는 이 세상에 오셔서 모든 불의한 자들을 심판하는 공의로우신 하나님의 진노를 자기 한 몸에 받으시고 은혜로 우리 인간을 구속하셨습니다. 하나님이 죄를 알지도 못한 예수님께 우리 대신에 죄를 씌우신 것은 우리가 그리스도 안에서 하나님의 의가 되게 하시기 위해서였습니다(고후 5 : 21). 이제 값없이 의롭게 된 우리는 다윗처럼 진노를 쏟으시라는 저주의 기도 대신 "주여, 자비로 구원하소서!"라는 기도밖에 할 수 없습니다. 루이스(C. S. Lewis)의 말을 빌면 시편 기자는 민사재판에서 불의한 자를 심판해 달라고 소송하는 원고석의 인물들이지만, 예수님께 구원을 받은 우리 기독교인은 형사재판의 피고석에서 자비를 구하는 사람들이라는 것입니다(시편사색, 심판편).

기도

주여, 다윗의 저주에서 하나님을 대적하는 악인에 대한 의분을 봅니다. 또한 이 악인의 죄까지 담당하시고 돌아가신 예수님을 인하여 감사합니다. 아멘.

하나님께 불평할 수 있는가

어찌하여 주께서는 내 허물을 용서하지 않으시고, 내 죄악을 용서해 주지 않으십니까? 이제 내가 숨겨 흙 속에 누우면, 주께서 아무리 저를 찾으신다 해도, 나는 이미 없는 몸이 아닙니까?

욥 7 : 21

욥은 자기 죄를 사하여 주지 아니한 하나님께 불만을 토하기 시작했습니다. 마치 하나님이 친구나 되는 것처럼 "하나님이 내 죄를 제히여 버리지 않으시면 니는 죽을 껏인데 그때는 니를 찾이도 만나보지 못할 것입니다. 아시겠습니까?" 이렇게 따지는 것 같습니다. 피조물이 그럴 수가 있습니까? 이런 불경한 태도는 용납될 수가 없는 일입니다.

욥의 친구 빌닷도 욥이 불평을 한다고 책망했습니다. 하나님이 어찌 심판을 굽게 하시겠느냐고 모든 상황을 받아들이고 잠잠하라는 것입니다. 마치 그가 하나님의 성품을 잘 알고 있어서 그런 불평은 받아들여지지 않는다고 하나님에 대해서 그가 알고 있는 것을 설파하며 하나님과 욥을 중재하고 있는 것 같습니다. 그러나 하나님은 욥의 불평에 대해 노하지 않으셨습니다. 스스로 욥이 깨닫기를 기다리셨습니다. 드디어 욥이 "잘 알지도 못하면서, 감히 주님의 뜻을 흐려 놓으려 한 자가 바로 저입니다. 깨닫지도 못하면서, 함부로 말을 하였습니다."라고 회개하고 고백하기까지 기다리셨습니다. 그리고 이 때 하나님은 오히려 욥의 친구들을 책망하고 "내가 너와 네 두 친구에게 분노한 것은, 너희가 나를 두고 말을 할 때에, 내 종 욥처럼 옳게 말하지 못하였기 때문이다."(욥 42 : 7)라고 말씀하셨습니다. 우리는 마음속에 있는 추한 생각을 다른 사람을 비난하는 데 쓰지 말고 솔직하게 하나님께 고백해도 창조자이신 하나님은 잠잠하고 참으시는 것을 볼 수 있습니다.

인간은 호흡을 하지 않고 멈추면 죽게 됩니다. 속에 탄산가스가 쌓이고 생명을 주는 산소가 공급되지 않기 때문입니다. 우리가 숨을 들이 마시기 위해서는 숨을 토해내야 합니다. 마찬가지로 우리 마음에 쌓인 불만은 밖으로 토해내야 치유를 받을 수 있으며 하나님의 생기를 받아들일 수 있습니다. 그러나 우리는 거룩한 성도라고 자처하며 하나님의 하시는 일을 다 아는 것처럼 스스로 판단하고 아버지 되는 하나님께 하고 싶은 말을 자제할 때가 많습니다.

시편에는 원수를 저주하는 시가 많이 있습니다. 악인의 팔을 꺾으시며(시 10 : 15), 그들의 이를 꺾으시고(시 58 : 6), 그들을 생명책에서 지워주시기를(시 69 : 28) 기원하는 내용이 수두룩합니다. 이 시들이 오래도록 성전에서 불리었는데 하나님께서는 참으셨습니다. 이

것이 공의로우신 하나님의 언약이 궁극적으로 이루어지는 것을 바라는 충성심에서 불리는 찬송이었기 때문이라고 생각됩니다.

하나님은 욥의 친구들에게 "내 종 욥이 너희를 용서하여 달라고 빌면, 내가 그의 기도를 들어줄 것이다. 너희가 나를 두고 말을 할 때에, 내 종 욥처럼 옳게 말하지 않고, 어리석게 말하였지만, 내가 그대로 갚지는 않을 것이다."(욥 42 : 8)라고 말했습니다. 욥의 불만은 하나님께서 들으셨습니다.

 기도

오 하나님, 하나님에 관해서 아는 사람이 되지 말게 하시며 참하나님을 알아가는 우리가 되게 해 주십시오. 아멘.

악인은 망해야 하는가?

> 그렇다. 의인의 길은 주께서 인정하시지만, 악인의 길은 망할 것이다.
>
> 시 1 : 6

시 1편은 시편 전체의 도입부로 의인의 길과 악인의 길 두 가지를 요약해서 보여 주고 있습니다. 또 의인과 악인의 삶에 대한 대조는 시편 전체를 통해 거듭 나타나고 있는 주제입니다. 시편은 유독 인간을 의인과 악인으로 명료하게 구별해 놓고 있습니다. 의인과 악인은 연속적인 개념이 아닙니다. 즉 의인 중에서도 율법을 덜 지키는 사람, 잘 지키는 사람, 철저히 지키는 사람…, 이렇게 의인에 가까워지는 단계가 있고 악인도 덜 악한 사람, 더 악한 사람, 아주 악한 사람…, 이렇게 악하게 되는 단계의 인간들이 있는 것이 아니고 오직 의인과 악인이 이산(離散 ; discrete)적으로 존재할 뿐입니다. 한 인간이 30%쯤 악인이고 70%쯤 의인일 수는 없습니다. 내 이웃에 악인이 있으면 그는 100% 악인입니다. 시편에는 이렇게 색깔

"

이 분명하지만 요즘 우리들의 삶에 이를 적용해 보면 혼란스러울 때가 있습니다.

바울은 의인은 하나도 없다고 말했습니다. 오직 예수를 믿고 구원을 받아 하나님이 의인이라고 인정한 사람(義認)만 있다는 이야기입니다. 그런 뜻에서는 의인은 지금도 상대적 개념이 아닙니다. 온전한 의인, 덜된 의인은 없습니다. 악인도 마찬가지입니다. 의인으로 인정받지 못하면 하나님 앞에서는 다 악인입니다. 그러나 악인의 길을 걷고 있던 사람이 방향을 바꾸어 의인 쪽으로 돌아서 걷기 시작하고 주를 믿게 되면 그때부터 그는 하나님 앞에 의인으로 인정을 받는다고 성경은 말하고 있습니다. 요일 1 : 9절에도 "우리가 우리 죄를 자백하면, 하나님은 신실하시고 의로우신 분이셔서, 우리 죄를 용서하시고, 모든 불의에서 우리를 깨끗하게" 하신다고 말하고 있는 것이 그것입니다.

그런데 의심스러운 것은 악인은 자기가 하는 짓이 죄라는 것을 모르고 사는 사람인데 그가 스스로 죄를 자백할 수 있을까 하는 생각입니다. 자백할 수 있는 능력이 있는 죄인에게는 언제나 의인이 될 수 있는 길이 열려 있습니다. 따라서 제 개인의 생각으로는 예수님께서 초림하신 지금은 의인과 악인뿐 아니라 악인(죄를 깨닫지 못하는 인간)과 잠재적 의인(죄를 알지만 예수를 영접하지 못한 인간) 그리고 의인(예수를 영접하고 구원을 받은 인간), 이렇게 세 부류로 나누면 좋겠다는 생각을 합니다. 아마 시편을 기록할 당시는 예수님이 오지 않았기 때문에 이 세 부류를 생각하지 못했을 것입니다. 하지만 오늘날 시편을 적용할 때 악인과 의인뿐이라면 기독교인은 전도할 대상을 잃게 됩니다. 혹 이렇게 할 수는 있을 것입니다. 악인과 잠재적 의인을 한 묶음으로 해서 악인이라고 부르고 이들을 전도 대상으로 삼는 일입니다. 예수님은 십자가에서 돌아가시면서 죄가 무엇인지 모르는 자들을 위해 "아버지, 저 사람들을 용서하여 주십시오. 저 사람들은 자기네가 무슨 일을 하는지 알지 못합니다……."(눅 23 : 34)라고 말했습니다. 즉 죄가 무엇인지도 모르는 사람들을 용서해 달라고 하나님께 간구한 것입니다.

그러나 우리 기독교인들은 죄도 깨닫지 못하는 악인이 구원받는다는 것을 이해하지도 못하고 용납하지도 못하고 몸서리치게 싫어하는 경향이 있습니다. 악인이 지옥에 빠지지 않는다면 오래 인내하고 사는 이유가 없다고 생각합니다. 예를 들어 제2차 세계대전 때 유대인 600만 명을 학살한 히틀러가 권총으로 자살하지 않고 예수님 앞에 죄를 자백했다면 주님은 십자가에 매달린 강도를 용서하듯 그를 분명 용서해 주었을 것입니다. 그러나 일반 상식으로, 용서는 피해자가 가해자에게 베푸는 것인데 수용소에서 억울하게 죽어간 600만 명에게는 용서를 구하지도 않고 예수님의 용서만 받고 평안하게 낙원에 갔다고 생각해 보십시오. 이는 견딜 수 없는 일입니다. 물론 전범자로 사형을 면키는 어려웠을 것입니다. 그러나 죄를 자백한 그를 자비와 긍휼이 무궁하신 하나님께서 낙원에 받아 주신

다면 우리는 그것을 인정해야 합니다. 악인도 망하지 않고 구원을
받을 수 있다는 것을 믿어야 합니다.

기도

구원의 하나님, 제가 하나님 앞에 의롭게 된 것은 오직 주님의 은혜입니다.
남이 의롭다고 인정되는 것을 투기하지 않게 해 주십시오. 아멘.

롯은 의인입니다

> 그러나 무법한 자들의 방탕한 행동 때문에 괴로움을 겪던 의로운 롯은
> 구해 내셨습니다 그것은 의인인 그가 그들 가운데 살면서 보고 듣는 그들
> 의 무법한 행실 때문에, 날마다 그의 의로운 영혼에 고통을 느끼고 있었
> 기 때문입니다.

베드로 후서 2 : 7-8

하나님께서 소돔과 고모라를 멸하려고 하실 때 아브라함은 왜 의인을 악인과 함께 멸하려 하시느냐고 물었습니다. 이때 하나님께서는 그 패역한 도시에 의인 십 명만 있으면 멸하지 않으신다고 답했습니다. 그런 죄악의 도시에 살고 있던 롯이 의인이었습니다. 롯은 숙부인 아브라함을 따라 가나안 땅으로 오면서 육축이 많아져 아브라함과 갈라질 때 자기 유익을 좇아 비옥한 땅, 소돔과 고모라를 택한 사람입니다. 하나님이 소돔과 고모라를 완전히 멸하기 전에 천사를 보내어 그를 구하려고 밖으로 이끌어내어 생명을 보존시키려 했을 때도 우유부단하여 먼 산까지는 가지 못하겠다고 가까운 소알 성으로 도망한 사람입니다. 아내는 소금기둥이 되고 두 딸과 함께 소알 성에서 산에 올라가 굴에 거할 때 두 딸들의 간계로 근

친상간을 해서 모압과 암몬의 조상을 낳은 사람입니다. 그는 의인일까요? 어떤 사람이 의인입니까?

롯이 살던 시대에는 노아의 계명, 즉 우상 숭배, 신성 모독, 살인, 간음, 도둑질을 하지 않고 그외에 정의의 법정을 세우는 일과 살아 있는 동물의 피를 먹지 않는 것을 잘 지키면 의인으로 인정했다고 합니다. 롯은 음란한 땅 소돔과 고모라에서는 그런 점에서 상대적으로 의인이었습니다. 두 천사가 소돔에 왔을 때 롯은 아브라함처럼 천사를 영접했습니다(창 19 : 1). 외지인이 롯의 집에 들어간 것을 보고 음란한 소돔 백성이 호기심이 생겨 그들을 상관하려고 했을 때 그는 손님을 그들에게 내주지 않았습니다. 그는 성문에 앉아서 재판을 맡은 장로처럼 성실히 행하고 "무법한 행실 때문에, 날마다 그의 의로운 영혼에 고통을 느끼고 있었기 때문"(벧후 2 : 7)에 의인이라고 불릴 만했다고 생각됩니다. 외경 지혜서 10 : 6에 지혜가 문란한 도시에서 의인(롯)을 구했다는 내용도 있습니다. 무엇보다도 롯을 의인이라고 단정할 수 있는 근거는 세상을 홍수로 멸망할 때 노아를 구한 하나님이 소돔과 고모라를 멸하려 할 때 롯의 생명을 아껴 구해 주신 것입니다. 그러니 롯은 분명 의인입니다.

우리도 롯처럼 마지막 하나님의 날에 구원되기를 바랍니다. 우리의 바라는 것이 예수님의 부활도 없고 공의로운 하나님의 심판도 없는 이생뿐이라면 우리는 얼마나 불쌍한 삶을 사는 것이 되겠습니까? 그런데 주를 믿고 구원받은 우리는 노아의 계명도 아니요, 모세의 율법도 아닌 하나님의 은혜로 값 없이 은혜의 보좌에 담대하게 나아가게 되었습니다. 노아의 계명이나 모세의 율법은 그리스도가 오기까지 그 사명을 다하고 이제 우리는 그리스도의 십자가 은혜로 의롭다 함을 받게(義認) 된 것입니다.

베드로는 마지막 날을 살고 있는 신도들에게 임박한 심판 때 소망을 갖고 살도록 구원받은 노아와 롯 두 의인을 상기시킵니다. 그러나 그리스도의 복음을 믿는 우리들은 아브라함과 롯보다 더 확실하게 의인이라는 선언을 받은 자들입니다.

 기도

의의 하나님, 예수 그리스도께서 십자가에 돌아가신 것이 보입니다. 이제 더 이상 뒤를 돌아보고 방황하지 않게 해 주십시오. 아멘.

당신이 의인입니다

시 37 : 25-26

다윗은 파란만장한 인생의 여정을 마치는 노년에 의인이 버림을
당하거나 그 자손이 걸식함을 보지 못하였다고 말하며, 이스라엘 백
성들에게 의인으로 살기를 권면하고 있습니다. 그린데 누가 의인입
니까? 성경에는 의인이라는 단어가 많이 나오는데 어떤 사람이 의
인이라고 구체적으로 정의하고 있는 곳이 없습니다. 언약시대(모세까
지)와 율법시대(예수님 오시기 전)와 은혜시대(예수님 부활 후)가 말하
는 의인의 개념이 각각 다른 것 같습니다. 언약 시대에는 노아의 계
명이, 율법시대에는 모세의 율법이, 은혜시대에는 믿음으로 의롭게
된 것이 의인의 기준인 것 같습니다. 따라서 다윗이 말하는 의인은
율법에 의한 의인입니다. 그러나 율법을 온전히 지킨 사람은 하나도
없었기 때문에 소박하게 '모든 사람이 존경하는 흠 없는 사람' 또는

'순전하고 정직하여 하나님을 경외하며 악에서 떠난 사람'으로 인정되면 의인이라고 말했던 것이 아닌가 하고 생각합니다. 어떻든 의인은 옛날부터 있어 왔습니다. 노아는 하나님께서 "내가 보니, 이 세상에 의로운 사람이라고는 너밖에 없구나."(창 7 : 1)라고 말하며 노아를 의인으로 인정하셨습니다. 롯도 하나님이 인정하는 의인이었습니다. 누가는 제사장 사가랴와 그의 아내 엘리사벳은 하나님 앞에 의인이라고 말했습니다(눅 1 : 6). 또한 사람들은 백부장 고넬료도 의인이라고 불렀습니다(행 12 : 22). 십자가에서 돌아가신 예수님을 보고 있던 백부장은 예수를 의인이라고 말했습니다(눅 23 : 47). 이렇게 다양하게 쓰이는 의인을 바울은 "의인은 없나니 하나도 없다."(롬 3 : 10)고 선언했습니다. 하나님 앞에 의인은 한 사람도 없으며, 오직 은혜로 하나님께서 의인으로 인정해 주신 사람만 있을 수 있다는 것입니다. 그러나 오늘 묵상하는 시편 37편에서 말하는 의인은 바울이 말하는 그런 의인이 아닙니다. 그러나 우리는 우리 자손이 잘되게 하기 위해 구약의 의인(잘 모르면서)이 되려고 노력하고 있는 사람이 많습니다. 그럼 신약시대에 그의 자손이 결식하는 것을 보지 못하였다고 말하는 의인은 어떻게 해석해야 할까요?

몇 년 전 미국 캔자스 주 캔자스 시의 한 쇼핑센터 주차장에서 핸드백을 소매치기 하려던 범인을 뒤쫓다 숨진 한인 우씨를 위하여 그 시의 루터교회에서는 장례식을 거행했는데 그 교회의 목사는 핸드백을 소매치기당한 할머니의 아들이었습니다. 그때 캔자스 시가 그 유족들을 돕는 기금 구좌명이 '의로운 시민 조나단 우'였습니다. 우씨는 캔자스 시의 의인이었습니다. 또 며칠 전에는 일본에서 전철에 떨어진 일본 취객을 구하려다 죽은 이수현 씨의 7주기 추모행사가 서울 프레스센터에서 있었는데 이 자리에서 '의인 이수현재단 설립위원회'(가칭)를 만들었습니다. 이수현 씨는 이렇게 의인이 되었습니다. 또 1956년 7월 한국예수교전도단을 만든 박태선 장로도 스스로 자기를 '동방의 의인'이라고 말했습니다.

기독교인들은 '의인'이라는 단어가 남발되는 것 같아 마음이 편하지 않습니다. 그러면 그렇게 갸륵한 행위를 한 사람을 의인이라고 부르는 것이 마뜩치 않으면 예수를 믿고 거듭난 여러분이 참된 '의인'이라고 나설 생각은 없으십니까? 거듭난 기독교인들은 분명 의롭다고 하나님께서 인정하셨습니다. 기독교인은 은혜의 보좌에 당당히 나아갈 의인이 아닙니까? 바울처럼 "이제부터는 누구든지 나를 괴롭히지 마십시오. 내 몸에는 예수 그리스도의 낙인이 찍혀 있습니다."(갈 6 : 17)라고 담대히 말할 수 있지 않을까요? 그러나 "네가 무슨 의인이야?" 하고 이웃 사람이 비웃을 것 같아 당당히 나서지를 못합니다. 우리가 예수를 닮아가는 삶을 살지 못하고 값싼 구원만을 자랑하는 기독교인이기 때문입니다.

 기도

의로우신 하나님, 십자가의 고통에 동참함으로 모든 고난에 우리가 주의 증인이 되게 해 주십시오. 우리가 회개하고 용서를 받을 때 거듭나게 하시며 의롭다고 인정하시는 하나님의 은혜에 감사하는 삶을 살게 해 주십시오. 아멘.

전도를 잘 못했습니다

고전 9 : 16

저는 전도를 해서 우리 교회로 인도한 사람이 몇 사람 되지 않습니다. 저의 권유로 교회에 나왔다가 일 년 내에 떠난 사람이 대부분입니다. 각자 어쩔 수 없는 이유가 있었습니다. 우리 아래층에 사는 분은 교회를 오가는 우리를 보고 자기네도 교회에 나가고 싶다고 말했습니다. 우리 교회는 차로 2~30분 거리에 있어 좀 멀다고 했더니 그 정도는 멀지 않다면서 아는 사람이 있는 우리 교회를 따라 나가고 싶다는 것이었습니다. 그분들이 유일하게 열매 맺은 분들입니다. 다른 한 사람은 제가 논문 지도도 했고 결혼 주례도 했던 사랑하는 제자입니다. 무슨 말에나 순종하고 시킨 일은 깔끔하게 잘 처리하는 능력 있는 청년이기도 합니다. 그런데 예수를 믿지 않아 안타까웠습니다. 그는 학위를 마친 후 취직을 하려 했지만 여의치 않았습니다.

기독교 대학에는 세례증명서가 없어 원서도 낼 수가 없었습니다. 저는 안타까워서 그에게 세례를 받지 않았기 때문에 서류를 낼 대학의 문이 좁아졌다고 말했습니다. 그후 그들은 교회를 나와 성실하게 교회생활을 하고 구역예배도 충실하게 참석했습니다. 세례도 받고 집사도 되었습니다. 그런데 5년이 채 못 되어 교회를 떠났습니다. 학관을 나가고 학생들 과외지도를 주일도 하기 때문에 출석이 어렵다는 것이었습니다. 저는 이것이 제가 전도를 잘 못한 탓이라는 생각을 하게 되었습니다. 세례증을 받아 취직하기 위해 교회에 나오라고 오도한 것이 아닌가 하는 생각을 하게 되었습니다. 한 영혼을 구원한다는 것은 쉬운 일이 아닙니다. 이메일을 통해 성경 공부한 것을 보내기도 하고 성서지도 책, 영성 훈련을 위한 기초적인 소책자 등도 보냈습니다. 교회 홈페이지에서 목사님 설교도 들으라고 권유하기도 했습니다. 그러나 생활비를 벌기 위해 바쁘게 뛰는 그들을 다시 교회로 부르기는 어려웠습니다.

한번은 새벽기도 시간에 그들이 속했던 구역장을 만났습니다. 그런데 그 구역장이 내 제자가 기독교 고등학교에 취직하기 위해 목사님 추천서가 필요한데 부끄러워서 목사님 앞에 나서지를 못한다는 말을 했습니다. 교회 생활을 소홀히 했는데 어떻게 추천서를 써달라고 할 수 있느냐면서 혹시 구역장이 같이 가주지 않을까 해서 눈치를 보는 것 같았다고 말했습니다.

저는 회개했습니다. 그 영혼을 정말 사랑했다면 제가 그렇게 오래 방치해 둘 수 없는 일이었습니다. 구역도 교회도 함께 회개해야 할 일이라고 생각했습니다. 이것은 그 제자의 잘못만이 아니라는 생각이 들었습니다. 바울이 "만일 복음을 전하지 않으면 내게 화가 있을 것"이라고 말한 성경 구절을 생각했습니다. 물론 이 말은 전도하지 않은 사람을 겁먹게 하기 위해 인용할 수 있는 말은 아닙니다. 그리고 그가 복음을 전한다는 말은 이방인에게 보수 없이 하나님의 말씀을 가르쳤다는 변증 가운데 나온 말이며 자기는 예수를 믿는 자들을 핍박하다가 죽을 뻔한 것을 하나님께서 구원하셔서 이방인의 전도자를 삼았기 때문에 복음을 전하는 것이 너무도 당연하다는 표현이기도 합니다. 또 그가 복음을 전한다는 것은 우리가 안 믿는 자를 전도하여 특히 자기 교회로 인도해 온다는 그런 좁은 의미는 더더욱 아닙니다. 그러나 바울을 생각할 때 회개하지 않을 수 없었습니다. 저는 그렇게 피해다니던 그를 이제 하나님께서 다시 부르신다는 것을 느꼈습니다. 바로 그를 목사님 곁으로 데려가 추천서를 받아 면접실로 보냈습니다. 그 학교는 교직원의 신앙을 철저하게 관리하는 곳입니다. 이제 그는 주님 곁을 떠나지 않을 것입니다.

 기도

용서의 하나님, 방황하던 자녀가 다시 주의 품으로 돌아옵니다. 받아 주시옵소서. 또한 제가 그를 위한 기도를 멈추는 죄를 짓지 않게 하소서. 아멘.

복 있는 사람

복 있는 사람은 악인의 꾀를 따르지 아니하며, 죄인의 길에 들어서지 아니하며, 오만한 자들의 자리에 함께 앉지 아니하며.

시 1:1

하나님께서는 복 있는 사람을 바로 알아보실 수 있겠지만, 우리 인간은 그 성품으로 알 수밖에 없습니다. 그런데 시편 저자는 복 있는 사람은 세 가지 일을 하지 않는다고 합니다. 악인들(하나님을 모르는 사람들)의 꾀를 따르지 아니하며, 죄인들의 길에 서지 아니하며, 오만한 자(하나님을 낄보는 사람)의 자리에 앉지 아니한다고 말합니다. 이 세 동사 '따르다', '서다', '앉다'는 악인들의 상태를 나타내는 단어인 것 같습니다. 악인들은 따릅니다(부화뇌동), 죄인들이 가는 길에 섭니다, 그리고 이제 죄의 자리에 자리를 펴고 앉습니다.

그러나 복 있는 사람은 어떤 도덕적 기준도 없이 바람에 날리듯 따라다니지 않고 견고하며 흔들리지 않고 주의 일을 힘쓰는 자, 악인의 길에 서 있다고 생각될 때는 바로 생명의 길로 되돌아서는 사

"

람, 또 악의 세계에 자리 잡고 앉아서 선악을 분간할 수 없는 상태가 되지 않고 박차고 나와 선을 행하되 낙심하지 않는 자가 복 있는 사람 같습니다.

저는 복 있는 사람을 생각할 때 자녀들이 출가해서 다 자기 몫을 온전히 하는 어른이 되고 근심 걱정을 끼치는 일이 없으며 늘 기쁜 소식만 전해 주는 노부부를 생각했습니다. 저녁에 눈물이 깃들이는 일도 없고, 원수 때문에 부끄러움을 당하는 일도 없고, 주님께서 속히 오셔서 불의한 세상을 심판해 주시도록 구할 필요도 없이 단란하게 사는 두 부부가 복 있는 사람이라고 생각했습니다. 편안히 자고 누우며 날이 새면 가끔 외식도 하고 밤에는 연속 방송을 보면서 '못 된 것들. 잘하는 짓이다. 당연히 그래야지.' 하고 의견을 내며 느긋하게 군것질을 하며, 음료수를 마시고 매일 소일한다면 얼마나 복된 삶일까요?

그러나 그런 사람은 복된 사람이 해야 할 두 가지 일(시 1 : 2), 즉 여호와의 율법을 즐거워하여 그 율법을 주야로 묵상하는 데는 미치지 못하는 것 같습니다. 필경 그렇게 느긋하게 앉아 있으면 비만증에 걸리며, 고혈압, 당뇨, 심근경색에 시달리게 될 것입니다. 사람이 살면서 택해야 할 길이 두 가지가 있는데 하나는 하나님의 길이고, 둘째는 사람의 길입니다. 즉 생명의 길과 멸망의 길이고, 넓은 길과 좁은 길입니다. 아무 것도 하지 않고 가만히 앉아 있으면 사람의 길을 걷게 됩니다. 우리는 물을 거슬러 올라가는 연어처럼 하나님의 길을 택해야 합니다. 그러나 하나님의 길은 우리가 노력한다고 갈 수는 없습니다. 그 길은 하나님께서 우리에게 계시해주신 길입니다. 그 길은 우리가 가는 것이 아니고, 하나님의 계시에 우리가 응답하여 성령의 권능으로 걷는 길입니다. 하나님의 길을 가려면 먼저 사람의 길을 멀리 해야 합니다. 오만한 자리에 앉아 있지 말고 죄인의 길에 서 있지 말고 악인의 꾀를 푯대도 없이 따르지 말고 하나님의 주신 말씀을 묵상하고 주의 음성을 들으며 속히 응답하여 순종하는 길입니다.

 기도

만복의 근원이신 하나님, 저희로 악인의 꾀를 따르지 않고 그들의 길에 서지 말고 그들의 자리에 앉지 않게 해주십시오. 아멘.

맹세하지 말라

나의 형제자매 여러분, 무엇보다도 맹세하지 마십시오. 하늘이나 땅이나, 그밖에 무엇을 두고도 맹세하지 마십시오. "예" 해야 할 경우에는 오직 "예"라고만 하고, "아니오" 해야 할 경우에는 오직 "아니오"라고만 하십시오. 그래야 여러분은 심판을 받지 않을 것입니다.

약 5 : 12

야고보 사도의 이 말은 마태복음 5장 34~37절에 있는 예수님이 말씀을 반복한 것이라고 볼 수 있습니다. 맹세는 약속을 보증하는 방법으로 구약 시대에는 자기가 섬기는 신을 증인으로 세워 맹세했습니다. 즉 이스라엘 백성들은 하나님의 이름으로 맹세했습니다. 따라서 그 맹세를 어기면 하나님을 거짓 증인으로 세웠기 때문에 십계명의 제삼 계명(하나님의 이름을 망령되이 일컫는 것)을 어기는 것이 되어 큰 벌을 받아야 했습니다.

구약 시대의 사사 입다는 암몬과 싸울 때 여호와께 서원하여 가로되 여호와께서 암몬 자손을 자기에게 넘겨주시면 자기가 개선하여 돌아올 때 누구든지 자기 집 문 앞에 나와 자기를 영접하는 그를 여호와께 드리겠다고 맹세했습니다. 그런데 처음 그를 맞은 사람은 그의 사랑하는 딸이었습니다. 그래서 그는 딸을 바쳤습니다.

이 엄한 맹세는 점차 거짓 맹세로 바뀌고 여호와를 경외하는 마음은 사라져가고 형식만 남았습니다. 그래서 예수님도 도무지 맹세하지 말라고 하셨으며 외식하는 서기관과 바리새인을 꾸짖으셨습니다. 그들은 성전으로 맹세하면 아무 일이 없거니와 성전의 금으로 맹세하면 지켜야 한다고 말했으며 제단으로 맹세하면 아무 일 없거니와 그 위에 있는 예물로 맹세하면 지켜야 한다고 우매한 백성들을 가르쳤습니다(마 23 : 16, 18). 그들은 금과 예물에만 정신이 쏠려서 하나님을 망령되게 일컫는 것을 방조했던 것입니다. 그래서 야고보도 아무 것으로도 맹세하지 말라고 했습니다.

지금 우리는 어떻게 하고 있습니까? 혹 하나님의 일을 위해 맹세를 강요하는 일은 없습니까? 지키지 못할 맹세를 하게 한다면 하나님을 조롱하는 일을 방조하는 것입니다. 저는 결혼식 주례를 하면서 제일 망설여지는 것이 '혼인 서약'입니다. '어떠한 경우라도 항시 사랑하고 존중하며 어른을 공경하고 진실한 남편과 아내로서의 도리를 다할 것을 맹세합니다.'라고 할 때 이 맹세는 누구를 두고 하는 것입니까? 이 맹세의 증인은 일차적으로 하객들이라고 할 수 있습니다. 그러나 옆 사람과 잡담만 하고 있는 하객들을 증인으로 세운다면 실효가 없는 맹세가 될 것입니다. 야고보는 그런 맹세라면 도무지 하지 말라고 말하고 있습니다. 은연중 우리는 하나님을 두고 맹세하는 것입니다.

신랑과 신부는 하나님께서 맺어주신 배필이며 부부가 되는 것은 하나님께서 하신 일이기 때문에 사람이 다시는 나눌 수 없습니다. 따라서 이 결혼의 증인은 당연히 하나님이 되어야 합니다. 어떻게 하면 결혼 서약을 그런 경지까지 올릴 수 있을까요? 길거리에서 우연히 남녀가 만나 동거하는 삶과 결혼 서약을 하고 사는 부부는 다를 수밖에 없습니다. 서약이란 상대방을 향한 헌신을 하나님을 증인으로 서약한 것이기 때문입니다. 예수를 믿는 성도들의 삶이 하나님께 드려진 것이라면 결코 이혼이란 있을 수 없는 일입니다. 황혼 이혼도 안 되는 일입니다.

예수 그리스도를 신랑으로 모시고 사는 그리스도인의 삶도 마찬가지입니다. 우리는 예수 그리스도와 연합되었습니다. 우리는 지상에 살고 있어도 그분과 함께 천국에 살고 있습니다. 이제 우리가 또 다른 맹세를 할 필요가 있을까요? 신부된 우리는 성령의 지시를 따라 살면 됩니다. 성령께서 말씀하시면 우리는 '예' 하고 대답하며 살면 됩니다.

 기도

하늘에 계신 하나님, 맹세를 앞세우지 말고 성령의 지시에 순종하며 살게 해 주십시오. 아멘.

성경이 가르치는 효도

> 너희 부모를 공경하여라. 그래야 너희는, 주 너희 하나님이 너희에게 준 땅에서 오래도록 살 것이다.
>
> 출 20 : 12

얼마 전 서울에서는 83세의 노모를 길에 버린 53세와 50세의 자매가 존속유기 혐의로 불구속 입건되었습니다. 서로 모시지 않겠다고 싸우다가 상대방에서 모셔가겠지 하고 길에 두고 가버렸는데 아무도 모셔가지 않아 결국 노모는 노숙하는 신세가 된 것입니다. 노모는 자기가 너무 오래 산 것이 죄이며 자녀들에게는 죄가 없다고 자녀들을 용서해 달라고 호소했다고 합니다.

부모가 자녀를 사랑하는 것은 본능이며 자연의 이치입니다. 그러나 자녀가 부모에게 효도하는 것은 본능이 아니기 때문에 배워야 한다고 합니다. 유명한 역사학자 토인비는 한국이 전 세계에 크게 공헌할 수 있는 아름다운 전통이 하나 있는데 그것은 '효도'라고 했다는데 정말인지 알아볼 도리가 없지만, 작금의 현실로 보아서 우리나라에 '효도'가 있는지 의심스럽습니다. 유산을 남겨 준 것도 아닌데 왜 자기가 부모 봉양을 해야 하는가? 부모가 공경할 만한 삶을 살지도 않았는데 그래도 공경해야 하는가? 사랑은 내리사랑이라는데 부모 사랑을 받고 산 자녀들은 그 사랑을 자기 자녀들에게 돌려주면 그것으로 아들의 도리는 다 한 것이 아닌가?

이와 같이 생각하는 사람이 많은데 성경에서는 효도를 어떻게 가르치고 있습니까?

"자기 아버지나 어머니를 치는 자는 반드시 죽일지니라."(출 21 : 15) "어떤 사람에게, 아버지의 말이나 어머니의 말을 전혀 듣지 않고, 반항만 하며, 고집이 세어서 아무리 타일러도 듣지 않는 아들이 있거든, …… 그러면 그 성읍의 모든 사람이 그를 돌로 쳐서 죽일 것이다. 이렇게 하여서 너희 가운데서 악을 뿌리 뽑아야 한다. 그래야만 온 이스라엘이 그 일을 듣고 두려워할 것이다."(신 21 : 18, 21)

율법은 "네 부모를 공경하라."는 계명과 함께 부모를 불순종한 사람을 엄하게 다스리라고 말하고 있습니다. 그러나 율법의 숱한 계명도 자녀들이 부모를 공경하게 만들지 못했습니다. 그래서 율법은 인간을 범법자로 만들 뿐입니다. 예수님께서 오신 뒤 우리는 율법에서 자유로운 사람이 되었습니다. 즉 "네 부모를 공경하라"는 계명에서 해방되었다는 말입니다. 그럼 우리는 효도를 안 해도 될까요?

지난 2000년 8월, 제1회 남북 이산가족 상봉 때 저는 이북에 있는 동생과 만났습니다. 50년 가까이 오고 싶어도 오지 못하고 어머니를 그리며 쓴 동생의 시를 들으며 저는 어버이에 대한 사랑이 꼭 배워서나 법으로 강요해서 생기는 것이 아니라는 것을 깨달았습니다.

……이날까지 늙으신 것만도 / 이 가슴이 아픈데 / 세월아, 섰거라 / 통일되어 우리 만나는 그날까지라도 너 기어이 가야만 한다면 / 어머니 앞으로 흐르는 세월을 / 나에게 다오 / 내 어머니 몫까지 / 한 해에 두 살씩 먹으리…… 어머니여 / 더 늙지 마시라. / 세월아, 가지 말라 / 통일되어 우리 서로 만나는 그날까지라도

어머님이 가신 지 5년이 된 때였는데 마음이 뭉클하면서 저도 어머니에 대해 그런 사랑을 가지고 있었음을 새삼스럽게 깨닫게 되었습니다. 즉 하나님께서는 부모가 자녀를 본능적으로 사랑하는만큼 자녀가 부모를 사랑하고 사모하도록 그런 마음도 주신 것을 알게 되었다는 말입니다. 어버이와 자녀 관계를 하나님과 우리 관계처럼 설계한 것입니다. 예수와 함께 정말 동행하는 사람은 율법이 없어도 주의 은혜로 조건 없이, 핑계 없이 부모를 사랑하고 부모에게 효도할 마음이 우러나게 되어 있는데 다만 내 욕심과 이기심이 하나님의 섭리를 깨닫지 못하게 하고 있을 뿐입니다.

 **기도**

하나님 아버지, 하나님께서 율법이 없어도 율법 이상으로 우리에게 효도하는 마음을 주신 것을 감사합니다. 아멘.

하나님은 포기하지 않으신다

욘 3 : 1,2

하나님은 요나에게 "너는 어서 저 큰 성읍 니느웨로 가서, 이제 내가 너에게 한 말을 그 성읍에 외쳐라."고 말씀했습니다. 요나는 이를 거부하고 다시스로 가는 배를 탔습니다. 그러나 하나님께서는 선원들이 요나를 바다에 던졌을 때 큰 물고기를 예비해서 뱃속에 넣었다가 니느웨 해변에 토해 내게 하시고 두 번째 니느웨로 가서 하나님께서 명한 바를 그들에게 선포하라고 하셨습니다.

하나님께서는 목적을 두고 사람을 창조하시고 부르시면 우리가 비록 거역하고 싫어한다 할지라도 포기하지 않으시고 우리를 끝까지 부르셔서 그 사명을 다하게 하십니다. 싫어하고 기권하고 포기하는 것은 인간 쪽입니다.

저는 이번에 집을 옮겨서 에어컨을 설치하려고 대형 마트에 갔습니다. 그런데 그곳에서 자기네가 통용하는 카드를 쓰면 6개월 무이자 할부판매를 하고 또 다른 할인 혜택이 많다고 선전하였습니다. 그래서 카드를 신청하고 대금을 결제하려 했더니 한도가 초과되어 결제할 수가 없다는 것이었습니다. 은퇴한 노인이 되어 수입이 없으므로 사용 한도가 아주 낮다는 것이었습니다. 세상에서는 수입의 과다와 활동 능력의 우열로 인간을 평가하기 때문에 어쩔 수 없다는 생각을 하면서 쓸쓸했습니다. 하나님도 나이 든 사람을 유통 기간이 지난 인간으로 평가하실까요?

"……배에서 태어남으로부터 내게 안겼고 태에서 남으로부터 내게 업힌 너희여 너희가 노년에 이르기까지 내가 그리하겠고 백발이 되기까지 내가 너희를 품을 것이라 내가 지었은즉 내가 업을 것이요 내가 품고 구하여 내리라"(사 46 : 3, 4)라고 이사야는 하나님의 말씀을 대언합니다. 하나님은 포기하지 않으시고 끝까지 목적을 두고 일을 맡기십니다. 힘이 없어진 나에게 무슨 일을 맡기실까요? 주님의 구원하심과 인도를 기억하며 주의 사랑에 감사로 응답하며 살 뿐 아니라 하나님의 아름다운 덕을 선전하며 살아가면 그것 자체가 후손들에게 대한 좋은 간증이며 하나님께서 내게 맡기신 사명일 것입니다. 하나님께서는 목적을 따라 선택한 우리를 결코 포기하지 않으십니다.

 기도

오, 주님, 내 힘이 쇠약할 때 나를 떠나지 마십시오. 나를 포기하지 않으심을 감사하며 주님의 인도하심과 구원을 기억하는 좋은 기억력을 주시고, 그것을 증거하고 찬양할 수 있는 준비된 입술을 주십시오. 아멘.

777 신드롬

여러분은 세상이나 세상에 있는 것들을 사랑하지 마십시오. 세상을 사랑하는 사람에게는, 그 안에 아버지의 사랑이 없습니다. 세상에 있는 모든 것, 곧 육신의 욕망과 눈의 욕망과 살림살이의 자랑거리는, 아버지께로부터 나온 것이 아니라, 세상으로부터 나온 것이기 때문입니다.

요일 2 : 15-16

2007년 7월 7일은 행운의 숫자 7이 세 번 계속되는 777일로 100년에 한 번 돌아오는 행운의 날이라고 합니다. 그래서 미국에서는 그날 결혼하려는 신혼부부가 3월부터 밀렸었다고 합니다. 신부 드레스와 신랑 예복도 주문이 폭주한 모양입니다. 지난해 666일(2006년 6월 6일)에는 그날이 마귀의 날이라고 출산일을 늦추려는 부부가 많았는데 2007년에는 777일로 출산일을 맞추려고 난리가 났다고 합니다.

777이라는 숫자에는 정말 행운이 따르는 것일까요? 설령 그렇지 않다 할지라도 그날 결혼을 해서 나쁠 것은 없지요? 그날 복권을 사면 안 되는 것도 아니지 않습니까? 꼭 그날을 멀리할 필요가 없다고 생각합니다. 맞습니다. 멀리할 필요가 없습니다. 다만 그날을 믿고 그 숫자가 가져올 마력을 믿는다면 그것이 잘못입니다. 이 세상을 사랑하지 말라고 할 때 이것은 친구를 사귀지 말라는 말이 아닙니다. 종교서적 외에는 책을 읽지 말고, 세상에서 일어나는 뉴스도 듣지 말고, 신문도 읽지 말라는 말이 아닙니다. 다만 운동과 골프와 오락에 빠져 신랑인 예수께 했던 혼인서약을 등한시 하지 말라는 말입니다. 자기가 계속 타이르는 말을 무시하는 아내를 남편은 호세아처럼 안타까워 할 수밖에 없습니다. 마찬가지로 하나님의 말씀인 성경을 읽지도 않고 하나님과의 대화인 기도를 하지 않은 채 딴 곳에 탐닉해 있으면 하나님께서는 질투하실 수밖에 없습니다. 하나님께서 질투하시면 불행합니다.

저는 지난번에 수맥을 잘 찾아내는 철학박사를 만나게 되었습니다. 그런데 그분이 우리 조상의 묘에 수맥이 흐르고 있어 조상이 땅 속에서 떨고 있으며, 그것 때문에 후손에게 불행이 올 것이라는 것이었습니다. 당장 묘소 옆에 땅을 파고 수맥을 차단하는 기구를 묻어야 한다는 것입니다. 그리고 실제 이런 경고를 무시했다가 변을 당한 사례를 많이 말해주었습니다. 조상의 혼을 무시하지 말라고 말하며 그 혼이 후손들의 건강과 길흉화복을 좌우한다는 것이었습니다. 여호와의 군대가 불말과 불병거로 엘리사를 둘러싸고 이스라엘을 모압 왕에게서 구했다는 이야기가 있습니다(왕하 6 : 17). 이스라엘 백성이 광야를 건널 때 낮에는 구름기둥 밤에는 불기둥으로 그들을 여호와가 인도했다는 말도 있습니다(출 13 : 21-22). 그러나 조상의 혼이 있어 후손의 길흉화복을 좌우한다는 말을 듣자 이것은 하나님의 영과 대립하는 세상의 영이라는 생각을 하게 되었습니다. 그러나 이 철학박사의 확신에 찬 설득을 듣고 있자, 돈을 좀 들여서 수맥을 돌려놓으면 된다는데 굳이 반대할 이유가 있겠는가 하는 생각이 들기도 했습니다.

우리가 발을 딛고 사는 세상이란 어떤 곳입니까? 성경에 의하면 세상은 어두운 곳이며 사탄이 지배하는 곳(엡 6 : 12)입니다. 또 하나님의 원칙과 반대되는 법칙들이 지배하는 장소입니다(고전 3 : 19, 엡 2 : 2). 따라서 이 세상의 법칙들을 따르는 사람은 하나님을 거역하는 일입니다. 즉 하나님과 원수가 되는 일입니다. 그런데 우리는 세상과 하나님을 동시에 섬길 수 없습니다(눅 16 : 13). 제가 철학박사의 말을 믿고 따른다면 저는 생사화복을 세상의 영에게 맡기게 될 것이며, 앞으로 일어나는 모든 일에 이 세상 풍조를 따르고 지금 불순종의 아들들 가운데 역사하는 영의 노예가 되고 말 것입니다. 이것은 이 세상이나 이 세상에 있는 것들을 사랑하는 일입니다.

 기도

하나님, 세상의 유혹을 이기기가 힘듭니다. 신랑 되신 예수님께서 붙늘어 주십시오. 아멘.

영화 〈밀양〉이 주는 교훈

시험을 당할 때에, 아무도 "내가 하나님께 시험을 당하고 있다." 하고 말하지 마십시오. 하나님께서는 악에게 시험을 받지도 않으시고, 또 스스로 아무도 시험하지도 않으십니다.

약 1 : 13

하와가 에덴동산의 선악과나무를 본즉 먹음직도 하고 보암직도 하고 지혜롭게 할 만큼 탐스럽기도 해서 그 열매를 따먹고 아담에게도 주어 먹게 했습니다. 이 열매는 먹지 말리고 하나님께시 금하신 열매였습니다. 결국 아담과 하와는 마귀의 시험(유혹)에 빠져 하나님과 같이 되어 선악을 알게 되고 싶다는 욕심으로 죄를 짓게 된 것입니다(약 1 : 14). 이것이 인류 원죄의 시초가 되었습니다.

그후 마귀는 끊임없이 구원받은 자들을 시험(유혹)합니다. 영화 〈밀양〉의 주인공은 좋은 본보기입니다. 고통과 배신의 삶을 살아온 주인공 신애(전도연 분)는 죽은 남편의 고향 밀양으로 아들을 데리고 새 삶을 시작하려고 갑니다. 그런데 아들은 그가 다니던 학원 원장에게 유괴당하고, 가지고 있는 현금을 다 주었는데도 납치자는 만족하지 않고 아들을 시신으로 돌려보냅니다. 고통과 배신으로 홀로 되어 허탈한 그녀를 붙들어 준 것은 마을 부흥회였습니다. 소리치고, 울고, 기도하는 신도들 속에 섞여 발악을 하듯이 울고 난 후 그녀는 기독교로 귀의합니다. 구역예배에서 신앙 간증도 하고 불신자에게 예수를 믿으라고 전도도 합니다. 하나님 속에 감추어져 있던 비밀의 빛을 보는 것 같았습니다. 그녀는 믿음이 뜨거워지자 자원해서 자기를 배신한 원장을 용서해야 한다고 생각하며 교도소를 찾아갑니다. 거기서 면회를 나온 원장은 너무나 의젓하고 경건한 모습으로 나타나 자기는 예수를 믿고 구원을 얻었으며 모든 죄를 용서받았다고 합니다. 갑자기 자기의 고통과는 아무 상관없이 하나님이 그를 용서해 버렸다는 사실 때문에 그녀는 현기증이 납니다. 거역할 수 없는 배신감에 치를 떱니다. 남편을 빼앗아가고, 아들을 빼앗아간 하나님이 오직 자기가 할 수 있는 용서의 기회까지 빼앗아가 버렸다는 것이 견딜 수 없습니다. 그래서 하나님께 복수하겠다고 합니다.

그녀는 시험에 빠진 게 분명합니다. 잘 믿기 시작한 신애가 왜 이렇게 벼했습니까? 마음에 응어리진 원수를 용서하지 않고는 마음에 참 평화를 얻을 수 없다고 생각하고 교도소를 찾아 갔는데 그는 자기의 괴로움과는 아랑곳하지 않고 하나님으로부터 벌써 용서를 받고 평안합니다. 그녀는 자기가 속했던 구역의 장로와 불륜의 관계를 가져 하나님이 어떻게 반응하나 보려 합니다.

누가 그녀를 시험에 빠지게 했습니까? 하나님입니까? 하나님께서는 악에게 시험을 받지도 않으시고, 또 스스로 아무도 시험하지도 않으십니다(약 1 : 13). 그럼 누구입니까? 값 없이 받은 구원과 용서를 싸구려 옷처럼 걸치고 당당히 지내는 유괴범과 신애 사이를 비집고 들어온 마귀의 유혹이 있었습니다. 자기가 용서하려던 사람이 벌써 용서를 받았다니 기뻐해야 할 일이었습니다. 잘 생각해 보면 자기에게는 용서할 그런 권한이 없기도 했습니다. 그러나 남편을 빼앗아가고 홀로 남은 아들을 빼앗아간 누군가가 있다고 마귀는 속삭인 것입니다.

우리 주변에 이런 '신애'들을 많이 볼 수 있습니다. 하나님께서는 마지막으로 신애의 작은 마당에 어떤 비밀의 빛(密陽)을 비추어주셨는지 알 수 없습니다. 물론 그녀가 하나님의 구원 계획 속에 있었다면 마귀의 속임수를 파악하고 하나님께 귀의할 것입니다. 그러나 그 전에 배교한 사람이 얼마나 많겠습니까?

우리 주변에는 구원과 용서는 하나님과 자기의 일대일 관계라고 말하고 이웃 사랑은 실천하지 못하면서 경건한 척 옆구리에 성경책만 끼고 교회에 나가는 교인이 너무 많아 오늘의 '신애'들을 더욱 힘들게 하고 있습니다.

 기도

사랑의 하나님, 구원받은 우리가 십자가의 고난에도 동참할 수 있기를 빕니다. 아멘.

언제까지 잊으시렵니까

주님, 언제까지 나를 잊으시렵니까? 영원히 잊으시렵니까? 언제까지
나를 외면하시렵니까?

시 13 : 1

시편 13편 1.2절에는 '언제까지'라는 말이 4번이나 나옵니다. 이
것은 하나님께 대한 항의 섞인 질문입니다. 하박국서에도 보면 "살
려달라고 부르짖어도 듣지 않으시고, '폭력이다!' 하고 외쳐도 구해
주지 않으시니, 주님, 언제까지 그러실 겁니까?"(합 1 : 2)라고 같은
질문을 하고 있습니다. 하박국은 한 걸음 더 나아가 파수하는 성루
에 서서 자기의 질문에 대해 어떻게 하나님께서 대답하실지 보아야
겠다고 벼르며 말합니다. 시편은 대부분 기도를 노래로 표현한 것
인데 이렇게 하나님께 항의하는 기도를 해도 되는 것일까요?

시편 88편에 보면 감사하는 말은 없고 시작부터 끝까지 고통을
호소하는 불평만 있습니다. "주님, 나를 구원하신 하나님"이라고 시
작된 간절한 구원의 호소는 "주님은 죽은 사람에게 기적을 베푸시

렵니까? 혼백이 일어나서 주님을 찬양하겠습니까?”라고 자기가 죽게 되면 하나님의 은혜는 무슨 소용이 있으며 찬양하고 싶어도 유령이 어떻게 찬양하겠느냐고 투정 섞인 질문으로 자기를 죽음에서 구해 주어야 한다고 떼를 쓰듯 시를 읊고 있습니다. 그러나 하나님은 자신의 시간표를 알려주지 않습니다. 하박국서에서도 묵시는 정한 때가 있는데 “비록 더딜지라도 기다리라 지체되지 않고 반드시 응하리라”고만 말씀하십니다. 반드시 응하리라는 그 정한 때는 언제입니까? 율법을 지켜도 온전한 구원에 이르지 못하는 것을 안 시편 기자가 먼 훗날에 오실 구세주, 예수님을 막연히 기대하며 이런 시를 썼다는 것은 놀라운 일입니다. 하박국은 “의인은 믿음으로 살리라.”고 말하며 기다리라고 말했습니다.

예수님께서 오셨습니다. 우리는 그를 믿고 구원을 얻었습니다. 이제 우리는 어떻게 기도해야 할까요?

“주님, 저는 성수주일 하고, 십일조도 잘 냈으며, 새벽기도도 빠지지 않았습니다. 그런데 갑자기 제게 죽을병을 주셨으니 납득할 수 있도록 설명해 주십시오. 왜 하필 저입니까?”, “하나님께서 저를 낫게 해 주시지 않으면 하나님께서는 큰 실수를 하시는 것입니다. 안 믿는 사람은 잘 되고 건강하며 잘 믿는 저 같은 사람은 이렇게 고통스럽게 사경을 헤매야 한다면 누가 예수를 믿겠습니까?”

우리는 이런 식으로 기도해서는 안 됩니다. 그 까닭은 우리가 그리스도와 함께 옛 사람을 십자가에 못 박고 이제는 우리 속에서 그리스도께서 사시기 때문입니다. 이것이 값 없이 구원받은 사람의 삶입니다. 내가 받고 있는 모든 고난과 인간이 겪는 모든 갈등을 주님께서 먼저 당하시고 이제는 나와 한몸이 되어 살고 계십니다. 나는 주의 부활이 내 부활이 될 것이라는 소망까지도 갖고 그 믿음 안에 살고 있습니다. 그런 내가 어떻게 주님 밖으로 빠져 나와 독립적으로 내 의를 주장할 수 있습니까? 오 리를 걸으라고 할 때 내 안에 성령이 십 리를 걸으라고 하면 그리 해야 할 것입니다. 우리는 주께서 낯을 숨기시면 두려워 떨고, 호흡을 거두시면 주의 품으로 돌아가야 합니다. 우리가 입 밖으로 내서 할 수 있는 기도는 "주여, 저는 주 안에 함입(陷入)되어 주와 한몸이 되었습니다. 주님의 뜻을 이루소서."라고 해야 하지 않겠습니까?

 기도

자비로우신 하나님, 주께서 은혜를 베푸시오니 오직 찬송하게 해 주십시오. 아멘.

영혼 속에 잠들어 있는 것

그런데 하나님께서는 지혜 있는 자들을 부끄럽게 하시려고 세상의 어리석은 것을 택하셨으며, 강한 자들을 부끄럽게 하시려고 세상의 약한 것을 택하셨습니다.

고전 1 : 27

세상의 지혜 있는 자들이 인간 두뇌의 지도를 만들기 시작했습니다. 전에는 대뇌(기억, 감정, 판단), 소뇌(운동 명령), 중뇌(눈동자의 운동), 간뇌(체온 조절) 정도만 알고 그 조직과 기능을 교과서에서 가르치는 정도였습니다. 그러던 것이 이제는 쥐에 있는 25만 조각의 뇌세포를 분석해서 2만여 개의 유전자에 얽힌 유전과학 정보를 담은 유전자 지도를 만들었습니다. 이제 인간의 '뇌지도'를 만들어서 인터넷에서도 그 세포의 조직과 역할을 볼 수 있게 되었다고 합니다. 우리나라도 뇌지도(Brain Map)의 연구가 활발해서 특별히 살아 있는 사람의 뇌에 기반을 둔 '한국인 뇌지도'를 만들고 있다고 합니다. 뇌지도는 뇌 사진 위에 뇌 줄기나 피질, 혈관 등 각 부위의 위치를 정밀하게 표시해 놓은 도형으로 건강한 한국인 수백 명의 뇌를 촬

영한 뒤, 뇌의 모습을 표준화한 것이라고 합니다. 따라서 한국 환자들의 뇌를 MRI로 찍어 그 사진을 표준화된 뇌지도 위에 맞춰 볼 때, 전에는 서양인의 뇌지도를 썼기 때문에 그 크기가 맞지 않아 힘들었던 것을, 이제는 한국인의 뇌지도가 만들어져 환자의 사진을 뇌지도 위에 포갤(mapping) 수 있고, 또 그 부위의 미세혈관까지 잘 비교할 수 있어 수술을 성공적으로 할 수 있다고 합니다.

이렇게 지혜 있는 사람들이 수만 개의 인간의 뇌세포가 어떤 역할을 하는지를 잘 알게 하는 뇌지도를 만들었는데도 우리에게 성령이 임하시면 그 성령이 어떤 역할을 뇌를 통해 하게 되는지 알 수가 없습니다. 우리가 어떻게 기쁨이 넘치게 되는지, 능력은 어디서 나오는 것인지 주의 인도를 어떻게 받게 되는지 알 수가 없습니다.

성경에 보면 다윗이 골리앗을 대적하는 장면이 나옵니다. 다윗은 이스라엘의 왕 사울에게 이렇게 말합니다.

그러나 다윗은 굽히지 않고 사울에게 말하였다. "임금님의 종인 저는 아버지의 양 떼를 지켜 왔습니다. 사자나 곰이 양 떼에 달려들어 한 마리라도 물어가면 저는 곧바로 뒤쫓아가서 그 놈을 쳐죽이고, 그 입에서 양을 꺼내어 살려 내곤 하였습니다. 그 짐승이 저에게 덤벼들면, 그 턱수염을 붙잡고 때려 죽였습니다."(삼상 17 : 34-35).

전쟁의 전문인들이 모여 전략회의를 하고 있는 곳에서 이런 무식한 양치기의 만용이 통할 수 있겠습니까? 그는 소년이요 전혀 전쟁에 경험이 없는 사람입니다. 필사적인 전쟁이 감히 양치는 것과 비교가 되겠습니까? 이 다윗의 용기는 어디서 나온 것입니까? 그런데 하나님께서는 세상이 어리석게 생각하는 다윗을 들어 지혜 있는 자들을 부끄럽게 하시고 골리앗을 죽이고 전쟁을 승리로 끝내게 하였습니다.

작자 미상인 『그 무엇(That Something)』이라는 책이 있습니다. 직장을 잃고 소망을 잃는 한 노숙자에 대한 이야기입니다. 너무 허기져서 지나가는 행인에게 먹을 것을 구걸했습니다. 그런데 행인은 그에게 필요한 것은 자기 영혼 속에 잠들어 있는 '그 무엇'을 찾으라는 것이었습니다. 그는 '그 무엇'의 인도를 이유 없이 따라 한 회사의 사장을 대신할 만큼 성장했다는 이야기입니다. 인간의 내면 속에 잠들어 있는 영혼의 '그 무엇'을 일깨우고 반드시 그렇게 된다고 성공의 비문을 마음속에 새기면 초능력을 발휘할 수 있다는 것입니다.

우리 기독교인은 초능력을 좋아합니다. 그리고 이 '그 무엇'을 하나님께서 하시는 일과 혼돈할 때가 있습니다. 노숙자의 성공과 골리앗을 죽인 다윗의 승리는 차원이 다릅니다.

하나님께서는 승리를 원하시지 않고 약한 자를 택해 순종의 열매를 거두십니다.

 기도

우주를 창조하신 하나님, 초능력을 빌지 말고 주께 순종하는 것을 배우게 해 주십시오. 아멘.

자기 지혜로 선택하며 사는 삶

> 주 앞에서 악행을 하였다. 그의 아버지 다윗은 주께 충성을 다하였으나, 솔로몬은 그러하지 못하였다.
>
> 왕상 11 : 6

지혜로운 사람이나 공부를 많이 한 사람이 바른 생각을 하고 올바른 판단을 한다고 생각하십니까? 그런데 왜 영리한 사람들이 멍청한 선택을 하고 일생을 망치는 일이 많을까요? 세상을 성공적으로 살아가려면 현명한 판단과 선택이 필요하다고 생각합니다. "미래는 미지의 세계이다. 그래서 줄 타는 사람처럼 조심 조심 최선의 길을 찾아 살아가야 한다." 이렇게 생각합니다. 그러나 이것은 무신론적 실존주의자들의 생각입니다. 하나님이 없기 때문에 길을 인도하는 분이 없습니다. 그래서 그들은 맹인이 지팡이로 앞길을 더듬어 걷듯 걸어야 합니다. 인생은 최선의 선택이고 그 선택에 인간은 늘 책임을 지고 살아야 한다고 주장합니다.

솔로몬은 세상에 가장 지혜 있는 사람으로 알려져 있습니다. 그래서 많은 잠언을 쓰고 전도서를 써서 사람들을 가르쳤습니다. 그런데 그는 그릇 판단하여 1000명이나 되는 이방 여인들을 아내와 첩들로 들여 나라를 망쳤습니다. 그는 하나님의 기름 부음을 받은 자요, 하나님을 찬양하는 시를 많이 쓴 믿음의 거장이었는데 하나님의 인도를 잊고 세상의 지혜로 돌아선 것입니다. 애굽과의 평화 협정을 위해 바로의 딸과 정략결혼을 한 것을 비롯해서 많은 이방 여인들과 결혼하고 그 이방 신들을 끌어들였습니다. 그뿐 아니라 이방 여인들이 섬기던 우상들을 허용했습니다.

"너희는 그들과 서로 통혼하지 말며 그들도 너희와 서로 통혼하게 하지 말라. 그들이 반드시 너희의 마음을 돌려 그들의 신들을 따르게 하리라."고 하신 여호와의 말씀을 알고 있으면서도 솔로몬은 이 말씀을 순종하지 않은 것입니다.

우리는 국가의 통치자, 기관의 기관장, 교회의 목사가 잘못하고 있다고 생각할 때가 많습니다. 지도자의 잘못을 자기 힘으로 저지할 수 없다고 생각될 때는 어떻게 합니까? 외국으로 도피하고, 사표를 내고 교회를 떠나야 합니까? 아닙니다. 바른 정치를 하게 하고, 직장의 질서를 바로 잡고, 교회를 갱신해서 우리와 우리의 후손이 살기 좋은 곳으로 고쳐서 살아야 합니다. 그러나 자기의 의가 앞서서 동조 세력을 규합해서 국론을 분열하고 회사를 마비시키고 교회를 분열하는 데까지 이르게 한다면 이것은 하나님이 원하시는 일이 아닙니다. 먼저 순종하고 협력해야 합니다. 우리는 율법을 따라 세상을 판단하는 삶을 위하여 부르심을 받지 않고 예수의 제자로 섬기기 위해 세상에 보내심을 받았기 때문입니다.

예수님이 제자들을 세상에 내보낼 때 "보아라, 내가 너희를 내보내는 것이 마치 양을 이리 떼 가운데로 보내는 것과 같다. 그러므로 너희는 뱀과 같이 슬기롭고, 비둘기와 같이 순진하게 되어라."(마 10 : 16)고 말했습니다. 우리들이 살고 있는 세상은 이리들도 사는 세상입니다. 그러나 주의 백성인 양이 종국에는 승리한다는 것을 우리는 알고 있습니다. 따라서 인내심을 가지고 기다려야 합니다. 나까지 이리 떼 속에 끼어들어서 이전투구를 해서는 안 됩니다. 남에게 해를 끼치지 않은 비둘기 같은 존재로 이 세상에는 존재해야 하고 너무 세상 물정을 몰라서 어리석다고 놀림을 받지 않도록 뱀 같은 슬기 있는 주의 제자로 우리는 세상에는 존재해야 합니다.

솔로몬은 하나님의 계명을 어긴 삶을 산 후에 크게 깨달아 말년에는 전도서를 기록하여 하나님을 떠난 삶이 얼마나 헛된 것인가를 잘 말해 주고 있습니다. 하나님께서는 옳지 않은 길을 가는 사람을 그냥 용서하지 않으십니다. "무엇으로 심든지 그대로 거두리라."고 말씀하셨습니다. 지금 우리는 무엇을 심고 있는지 미래에 무엇을 거둘 것인지 결과를 보아야 합니다.

 기도

권능의 하나님, 우리가 지도자를 위해 기도할 수 있도록 힘을 주십시오. 아멘.

새 하늘과 새 땅은 프로그램된 목표물

> 사랑하는 여러분, 이 한 가지만은 잊지 마십시오. 주님께는 하루가 천 년 같고, 천년이 하루 같습니다. …… 그러나 우리는 그의 약속을 따라 새 하늘과 새 땅을 기다리고 있습니다. 거기에는 정의가 깃들어 있습니다.
>
> 벧후 4 : 8, 13

유도미사일(Guided Missile)의 특징은 목표물을 정하고 미사일을 유도하여 목표물을 명중시키는 데 있습니다. 발사된 미사일이 진로를 수정하면서 목표에 도달하는 것을 호밍(HOMING ; 自動追尾)방식이라 합니다. 또한 프로그램 유도방식이라는 것은 미사일을 발사하기 전에 목표물까지의 진로를 설정하고 비행 중에 설정 값에서 어긋난 수치를 측정하여 수정해 가면서 비행하는 방식으로 장거리 탄도미사일에 사용됩니다. 1991년 걸프전쟁 때는 이런 미사일 등을 써서 미국은 승전을 이끌어 냈습니다. 우리 기독교인의 삶은 유도미사일과 같습니다. 우리 신도들은 자신의 미래를 알고 현재를 살고 있기 때문입니다. 마지막 그날까지 우리의 온 영과 혼과 몸이 흠 없게 보전되도록 살고 있는 것입니다. 벧전 3 : 11-12에도 거룩한 행실과 경건함으로 하나님의 날이 임하기를 바라고 간절히 사모하라고 베드로 사도는 권고하고 있습니다. 그런데 종말은 언제 오는 것입니까? 우리는 언제까지 경건하게 살아야 합니까?

네로의 박해 이후 베드로의 순교 전에도 거짓 교사들이 "그리스도가 다시 오신다는 약속이 어디에 있느냐? 조상들이 잠든 뒤로, 만물은 처음 창조 때로부터 그냥 그대로다."(벧후 3 : 4) 하고 조롱했습니다. 얼마나 종말을 기다리는 사람이 많았으면 이렇게 조롱했겠습니까? 그러나 베드로는 "주께는 하루가 천년 같고 천년이 하루 같다."고 설명하며 어떤 사람이 생각하는 것처럼 종말은 더디게 오지 않고 반드시 곧 온다고 설명했습니다. 우리 인간에게 하루와 천년은 크게 다릅니다. 그러나 영원 속에 사시는 하나님에게는 하루와 천년이 차이가 없습니다. 영원한 천국에는 시간이 없기 때문에 천년은 베드로가 인간의 시간 개념으로 말한 것뿐입니다. 천 년이 하루 같다는 말이 사실이라면 지금 21세기는 예수님이 태어나서 이틀밖에 되지 않은 셈입니다. 주님의 다시 오심이 사람들이 기대한 것보다 늦은 것은 하나님의 시간과 인간의 시간이 다르고 아무도 멸망치 않고 구원받기를 원하시는 하나님의 사랑 때문이라는 것입니다. 이러한 깨달음은 우리에게 아주 중요하게 보입니다. 사람의 언어로 표현된 하나님의 약속을 문자적으로 이해하기보다는 영원하신 하나님의 사랑의 속성에 비추어 이해해야 하기 때문입니다. 이러한 성경해석은 우리의 문자에 매이기 쉬운 그릇된 성경이해를 바르게 교정해 주고 있습니다. 이것은 마치 미사일이 발사되기 전에 설정된 목표물까지의 진로를 비행 중에 설정값에서 어긋난 수치를 측정하여 수정해 가는 장거리 탄도미사일에 비교될 수 있습니다. 무엇보다 주님을 믿는 신도에게 가장 중요한 것은 우리가 부활해서 하나님이 다스리는 새 하늘과 새 땅으로 들어가기 위해 하나님 보시기에 합당하도록 궤도를 수정하며 거룩한 행실과 경건함으로 우리를 보전하며 살아야 한다는 것입니다.

 기도

중보자이신 주님, 우리가 주의 날까지 흠없이 보전되기를 원합니다. 아멘.

맡기시고 회계하시는 하나님

거짓 그리스도들과 거짓 예언자들이 일어나, 큰 표적들과 기적들을 행
하여 보여서, 할 수만 있으면, 선택받은 사람들까지도 홀릴 것이다. 보아
라, 내가 너희에게 미리 말하여 둔다.

마 25 : 24-25

이 달란트의 비유는 어떤 사람이 타국에 갈 때 세 사람에게 능력
대로 돈을 맡기고 떠난 뒤 돌아와서 어떻게 장사를 했는지 회계한
다는 내용입니다. 1달란트는 6,000데나리온(1데나리온은 노동자 1일
품삯)인데 만일 제게 이렇게 큰돈 한 달란트 주고 그것으로 장사를
해서 남기라고 했다면 너무 큰 부담이 되었을 것이라고 생각합니다.

돈을 주든지 말든지, 주려면 아주 주고 회계를 하지 말든지 할
일이지 왜 또 회계는 하자는 것인지 난감한 일이라고 생각합니다.
이윤을 남기라는 말은 위험을 무릅쓰고라도 돈을 투자해서 벌라는
뜻인데 왜 이렇게 돈으로 종의 능력을 판단하려 하는지 짜증이 났
을지도 모릅니다. 그러나 이 비유는 하나님의 백성에게 지상의 모
든 것을 맡기고 예수께서 승천하신 뒤 때가 차서 재림할 때 회계하

겠다는 것으로 해석한다면 하나님께서는 우리에게 맡기신 모든 것을 어떻게 관리했는지 회계하겠다는 뜻으로 해석할 수가 있습니다. 그러나 비유의 내용은 우리가 잘 아는 돈이기 때문에 바로 어떻게 머리를 굴려 내 힘으로 돈을 벌까 생각하기 시작한데서 어려운 문제가 발생하는 것이 아닐까 하는 생각을 하게 됩니다.

하나님께서 종에게 요구하는 충성의 척도는 순종이었다고 생각합니다. 종은 자기 스스로 할 수 있는 일은 없으며 무슨 일을 했다 할지라도 "우리는 쓸모 없는 종입니다. 우리는 마땅히 해야 할 일을 하였을 뿐입니다"(눅 17 : 10)라고 말할 수밖에 없는 존재입니다. 내가 내 힘으로 어떻게 할까를 생각하지 않고 주인의 뜻이 무엇인가를 끊임없이 생각하여 그 뜻에 맞게 행하려고 기도하며 살면 주님이 다시 오실 때 바깥 어두운 데로 안 쫓겨나는 것이 아닐까요?

저에게는 하나님이 무엇을 맡겼을까를 생각해 봅니다. 그중 하나는 물론 누구에게나 그러하듯 저에게도 귀한 자녀들을 맡기셨습니다. 자녀들은 나의 것이 아닙니다. 그들을 제가 어떻게 만들 수가 없습니다. 저희들이 할 일은 그들을 위한 하나님의 목적을 찾아 순종하고 기도할 일밖에 없습니다.

한때 저희는 어린애를 낳지 않으려고도 했으며 미국에 있을 때는 좋은 학교에 다니는 애들을 중퇴시키고 미국으로 데려오려고도 했습니다. 그러나 하나님께서는 막으셨습니다. 지금은 오히려 더 잘 성장하여 행복한 가정을 이루고 각 가정마다 신앙의 어버이들이 되어 있습니다. 저는 아들들이 기업의 장사를 잘하는 칭찬받는 종이 되었으면 합니다.

무익한 종이 한 일은 없습니다. 혹 지금도 기도를 요청할 때는 그것이 하나님의 뜻에 합하면 응답해 주시라고 기도할 뿐입니다.

 기도

하늘에 계신 나의 아버지, 저에게도 달란트를 맡겨 주신 것을 감사합니다. 순종의 삶으로 회계할 때 할 말이 있게 해 주십시오. 아멘.

부디 인내하십시오

여러분 가운데서 선한 일을 시작하신 분이, 그리스도 예수의 날까지
그 일을 완성하실 것입니다. 나는 이것을 확신합니다.

빌 1 : 6

저는 기독교인이 되지 않으려고 많이 피해 다녔습니다. 교회를
먼저 나가고 있던 아내가 함께 가기를 권하면 아내의 출석을 반대
히지 않을 테니 제발 나에게 출석을 권하지 말라고 했습니다. 또
마지못해 같이 나가더라도 결코 교회에 등록하지 않았습니다. 어느
집단에 구속되기가 싫었기 때문입니다. 좀 마음잡고 다니다가도 옆
에 교인이 큰 소리로 울며 기도하면 나도 그렇게 광적인 사람이 될
까봐 눈을 뜨고 정신을 바짝 차리고 있었습니다. 영안(靈眼)이 떠져
하나님과 귀신을 선별해서 보는 사람이 있다고 말하면 온몸이 오싹
하고 머리칼이 곤두섰습니다. 혹 심방이라도 와서 내 집 구석에 귀
신이 우글거린다고 하면 어떻게 합니까? 그렇지 않다고 해도 믿어
줄 사람이 없고 소문만 무성해질 것입니다. 또 하나님의 음성을 든

는 사람이 있다고 하면 더욱 교회가 싫어졌습니다. 교회에 다니다가 행여나 나도 그렇게 되면 아직도 하고 싶은 일이 많은데 하나님이 싫은 일을 시키면 어떻게 하나 하는 걱정 때문이었습니다.

그러던 제가 장로가 되었습니다. 그리고 예수를 믿고 구원을 얻으라고 다른 사람에게 권고합니다. 구경 삼아 교회를 마당만 밟고 다니지 말고 예수님께 자기를 맡기고 헌신하라고 말합니다. 복 받기 위해 하나님께 기도하고 바로 일어서 버리지 말고 하나님의 음성을 들으라고 말합니다. 주의 양이 되고, 주의 음성을 듣고 그를 따르라고 말합니다. 아예 하나님의 음성을 듣는 방법까지 가르쳐 줍니다. 성령을 받으면 성령이 하나님께 들은 바를 그대로 전해 준다(요 16 : 13)고 말해 줍니다. 성경은 하나님의 감동으로 된 것으로 말씀을 묵상하면 그 안에서 주의 음성이 있다고 말해 줍니다. 지금은 누가 네 집에 귀신이 우글거리고 있다고 해도 코웃음을 칩니다. 하나님과 동행하는 제 집에 귀신이 같이 있을 수 없기 때문입니다. 하나님의 음성을 두려워하지 않습니다. 그것은 우리 기도의 응답이기 때문입니다.

릭 워렌 목사는 그의 책 『목적이 이끄는 삶』에서 몇 년 전에 미국 사람들이 "PBPGINFWMY"라는 글씨가 새겨진 배지를 달고 다닌 적이 있었다는 말을 언급한 일이 있습니다. 이는 'Please Be Patient. God Is Not Finished With Me Yet.'의 약자입니다. 즉 하나님께서는 내 안에서 내가 예수를 닮도록 계속 일하고 계시는데 아직 그 임무를 완성하지 못하셨다는 뜻입니다. 하나님께서는 내 삶을 위한 목적을 가지고 지금도 그 목적을 성취하도록 일하고 계신다는 말입니다. 저는 늦게야 하나님께서 나를 위해 얼마나 해산의 수고를 하셨는지를 깨달았습니다.

우리는 얼마나 성급하게 결과를 원합니까? 암 환자는 살든지 죽든지 어느 한 쪽으로 결정해 달라고 하나님께 조릅니다. 그러나 얼마나 오랫동안의 잘못된 습관으로 얻은 질병입니까? 이 질병이 단번에 고쳐질 수 있겠습니까? 깊은 상처를 받은 사람이 하나님이 빨리 치유해 주지 않는다고 자살을 시도합니다. 그 깊은 상처가 시간이 흐르지 않고 어떻게 한 순간에 치유될 수 있겠습니까? 하나님께서 내 안에서 일하시도록 제발 인내하며 기다려야 하겠습니다. 부디 인내하십시오.

 기도

구세주 예수님, 우리 안에서 일하시는 주님을 믿고 참고 기다리게 해 주십시오. 아멘.

자랑할 것이 자기에게만 있는 사람

> 각 사람은 자기 행실을 살펴보십시오. 그러면 자기에게는 자랑거리가 있더라도, 남에게까지 자랑할 것은 없을 것입니다. 사람은 각각 자기 몫의 짐을 져야 합니다.
>
> 갈 6 : 4-5

저와 아내는 치약을 쓰는 버릇이 좀 다릅니다. 저는 끝에서부터 눌러 짜고, 아내는 중간을 눌러서 개미허리처럼 만들며 씁니다. 그래서 치약을 쓸 때마다 아내는 나에게 한마디씩 합니다. 이렇게 쓰지 말라는데 왜 말을 안 듣느냐는 것입니다. 저는 아내가 다른 사람 방법도 인정해 주어야지 왜 자기 방법만 옳다고 주장하는지 이해하기가 어렵습니다. 이건 작은 일이지만, 교회에서도 이런 종류의 일들이 있습니다. 울며 소리치고 기도하는 사람이, 옆에 사람은 얌전히 신사처럼 기도한다고 불평합니다. 선교지를 안 나가봐서 그렇지 오지에서 말씀을 사모하는 영혼을 생각하면 그렇게 걱정이 없는 기도를 할 수가 없다는 것입니다. 또 새벽기도를 열심히 나오는 장로가 자기는 새벽기도에 안 나오는 사람은 장로 자격이 없다고 생각합니다. 어떤 여자 권사는 여전도회 집회에 안 나오는 집사를 못 마땅해 하며 그 집사가 아침마다 전화기를 붙들고 무슨 말을 누구 하고 하는지 전화 연락이 안 된다고 한탄합니다. 그런데 실제 그 여집사는 한 맹인에게 매일 아침 성경을 읽어주고 있었습니다. 물론 사람마다 자기가 한 일이 옳다고 할 수 있습니다. 그 일이 하나님이 기뻐하시는 일이면 하나님께 자기를 자랑할 이유가 생겨서 그보다 더 좋은 일이 없을 것입니다. 그래서 '난 참 좋은 일을 했다.'고 속으로 흡족해 하며 하나님 앞에서 자기를 자랑할 수 있을 것입니다. 그런데 다른 사람과 비교해서 자기가 더 잘 했다고 한다면 그것은 다른 사람을 낮추고 자기를 자랑하는 일입니다.

바울은 '자유의 대헌장'이라고 불리는 이 갈라디아서를 쓰면서 율법에서의 자유, 죄에서의 자유를 외쳤습니다. 그러고 나서 갈라디아 교인들에게 이 귀한 은혜 때문에 방종하지 말고 더욱 그리스도인으로서 합당한 삶을 살라고 권면합니다. 중요한 것은 하나님께서는 그리스도인 각자에게 그 사람이 할 수 있는 일(짐)을 맡기셨다는 것을 인정하는 일입니다. 하나님께서는 각 그리스도인들이 하나님의 지체로서 자기가 받은 은사를 따라, 하나님의 여러 가지 은혜를 맡은 선한 관리인으로서 서로 봉사하도록 하셨습니다(벧전 4 : 10). 따라서 하나님께서 각자에게 맡기신 일이 있다는 것을 인정하고 자기의 맡은 일을 충실히 하며 자기에게 자랑할 것이 있는 것을 내심 기뻐해야 합니다. 자기 일을 살피고 있으면 그런 사람은 아무 것도

되지 못하고 된 줄로 생각하지 않을 것입니다(갈 6 : 3). 그뿐 아니라
자랑할 것이 자기에게는 있어도 남에게는 있을 수가 없다는 것을
알게 될 것입니다. 이렇게 자기 일을 남과 비교하지 않고 다른 사
람도 하나님이 사랑하셔서 귀한 일을 맡겼다는 것을 인정하면 그리
스도인의 공동체는 훨씬 행복하고 풍요로울 것입니다.

 기도

눈동자처럼 보살피시는 주님, 늘 내 일에 신실케 하시며 다른 사람과 비교
해서 오만해지지 않게 해 주십시오. 아멘.

나의 영광, 주의 영광

그때에, 모세가 "저에게 주의 영광을 보여 주십시오." 하고 간청하였다. … 나의 영광이 지나갈 때에, 내가 너를 바위 틈에 집어 넣고, 내가 다 지나갈 때까지 너를 나의 손바닥으로 가리워 주겠다. 그 뒤에 내가 나의 손바닥을 거두리니, 네가 나의 등을 보게 될 것이다. 그러나 나의 얼굴은 볼 수 없을 것이다.

출애굽기 33 : 18, 22-23

대한예수교 장로회 헌법 제1편 교리 중 제2부 요리문답의 첫 번째 물음은 "사람의 제일 되는 목적은 무엇입니까?"입니다. 그리고 이에 대한 답은 "사람의 제일 되는 목적은 하나님을 영화롭게 하고(glorify God) 영원토록 그를 즐거워하는 것(enjoy Him forever)"이라고 되어 있습니다.

하나님은 선민 이스라엘을 "나의 이름을 부르는 나의 백성, 나에게 영광을 돌리라고 창조한 사람들,"(사 43 : 7)이라고 부르고 있습니다. 즉 하나님의 부름을 받은 자는 다 주의 영광을 위해 창조되었다는 말입니다. 따라서 하나님의 자녀는 모든 영광을 하나님께 돌려야 합니다. <나의 영광>은 있을 수 없고, 오직 <하나님의 영광>이 있을 뿐입니다. 그러나 불신자는 어떻습니까? '가문의 영광', '당

163

선의 영광’, ‘수상의 영광’, ‘홈런의 영광’, 이런 것들을 다 <나의 영광>으로 생각합니다. 그러므로 어떤 개그맨이 한 방송사 연예대상을 받게 되었을 때 “내 모든 영광을 이경규 선배에게 돌립니다.”라고 말해도 이상할 것이 없습니다. 또 어떤 연예인이 자기 수상의 영광을 모든 팬들에게 돌린다고 할 수도 있습니다. <나의 영광>은 피나는 노력으로 얻은 자기 것이기 때문입니다.

무엇이 주의 영광입니까?

모세는 출애굽기 33장에서 하나님이 이스라엘 백성을 버리지 않고 함께 하시겠다는 증거로 “여호와의 영광”을 보여 달라고 호소했습니다. 그때 여호와께서는 호렙산 한 곳에 반석이 있으니 그곳에 서라고 말하십니다. 그리고 나의 영광이 지나갈 때에 내가 너를 바위 틈에 집어 넣고 내가 다 지나갈 때까지 너를 나의 손바닥으로 가리워 주겠다… 네가 내 등을 보게 될 것이다. 그러나 나의 얼굴은 볼 수 없을 것이라고 말했습니다. 결국 주의 영광은 우리가 감히 바라볼 수 없는 하나님 자신입니다. 그리고 등을 본다는 말은 우리가 하나님을 완전히 볼 수 없다는 뜻도 됩니다. 우리에게 하나님이 나타나심이 바로 영광입니다. 하나님의 존재나 성품을 사람의 눈으로 볼 수 있게 나타내는 현상, 또는 그것을 느끼게 하는 하나님의 계시가 바로 주의 영광입니다. 그림에서는 후광(halo)으로 나타내기도 합니다.

그렇다면 하나님께 영광을 돌린다는 것은 무슨 뜻일까요? 다윗이 계시에 따라 하나님을 인식하고 입술로(시 57 : 5) 하나님을 찬양할 때 우리는 숙연한 하나님의 현존을 느낍니다. 예수님이 십자가에 달리기 전 순종(요 17 : 4)의 기도를 드렸을 때 순종케 하시는 하나님을 봅니다. 아브라함이 오랫동안 아들을 주겠다는 약속을 믿고 하나님께 영광을 돌렸을 때 하나님께서는 백세에 이삭을 주심으로 당신의 능력과 영광을 드러내셨습니다. 치유를 받은 병자들이 하나님의 아름다운 덕을 선전하며 영광을 돌릴 때(눅 5 : 25) 거기서 치유하시는 하나님을 보게 됩니다. 언제나 영광을 돌릴 때는 스스로를 나타내시는 하나님을 만나게 됩니다.

그러나 축구 선수가 결정적인 계기에 골인하고 구장에 무릎을 꿇고 앉아 관중의 환호 속에서 '주께 영광을 돌립니다.' 하고 주의 영광을 과시하는 듯한 포즈를 보면 하나님의 후광이 안 보입니다. 그러나 예루살렘으로 입성하는 예수님이 탄 나귀에게서는 후광을 볼 수 있습니다. 말 못하는 미물이지만 주를 영화롭게 했기 때문입니다.

 기도

하나님, 저의 몸은 하나님이 산 것이 되었으니 오직 주인되신 주님께만 영광을 돌리게 해 주십시오. 저의 삶 속에서도 주께서 영광 받으시는 모습을 누군가가 볼 수 있게 해 주십시오. 아멘.

순교하고 싶으십니까

전남 영광에 가면 염산교회와 야월교회가 있습니다. 두 곳 다 6·25 때 공산군에 의하여 교회가 불타고 염산교회는 교인의 3분의 2인 77명이, 그리고 야월교회는 당시의 교인 전원 65명이 신앙을 지키다 순교한 곳입니다.

야월교회의 경우 제3대 김방호 목사 가족 전원을 몽둥이로 때려 죽일 때, 김 목사는 "너희는 절대 이 사람들을 미워하지 말고 무서워하지 말라. 몰라서 그러는 거야."라고 말하며, 가족 모두가 찬송을 하며 순교했다고 합니다. 이 광경이 스데반의 순교 때와 어쩌면 이렇게 같을까 하는 것을 생각해 봅니다. 이를 갈고 원망해도 부족할 텐데 어떻게 그렇게 예수님처럼 너그러울 수 있었을까? 하는 생각을 지울 수 없습니다. 순교할 순간이 되면 이 세상에 대한 집착을

다 놓아버리고 자기를 주님께 온전히 맡겨버리며 영원한 주의 안식에 들어가기 때문에 원수도 더 이상 원수가 될 수 없는 모양입니다. 영원한 세상을 모르며 이 세상이 전부인 줄 알고 사는 그들이 오히려 불쌍해지는 모양입니다. 여러분은 "나에게는 왜 그렇게 순교할 정도의 믿음이 없을까? 나도 순교할 결심을 하고 오지로 들어가 선교를 해야겠다."고 혹 생각하지는 않습니까? 여러분이 간절히 원하면 그렇게 순교하게 될 것입니다. 김방호 목사나 스데반은 자기가 그렇게 죽어서 하나님께 영광을 돌려야겠다고 그런 행위를 한 것이 아닙니다. 자기가 주를 위해 무엇인가를 해야겠다고 나선 것이 아닙니다. 주님을 향한 뜨거운 사랑이 있었을 뿐이었습니다. 그런데 그런 순교의 순간이 주어지고 그는 이를 피하지 않고 순종한 것뿐입니다. 주께서 고난에 동참한 그들을 보고 "잘 하였다."고 위로하셨을 것입니다. 우리가 주를 위해 능동적으로 할 수 있는 일은 사랑하는 일입니다. 예수께서 베다니 나병환자 시몬의 집에 있을 때 마리아는 비싼 향유 나드 한 옥합을 깨뜨려 예수의 머리에 부었습니다. 이 비생산적인, 비상식적인 행위를 보고 예수님은 "그가 내게 좋은 일"을 하였다고 칭찬했습니다.

마리아의 사랑을 보신 것입니다. 우리가 주를 위해 할 수 있는 일은 사람들에게 칭찬받는 위대한 일이 아니고 주만 바라보고 주를 사랑하고 주의 뜻을 분별하며 사는 일입니다. 때가 되면 주께서 우리를 통해 일하실 것입니다.

 기도

주님, 제가 주께 무슨 쓸모가 있을까요? 쓸모없는 인간입니다. 그러나 주를
사랑하는 마음으로 순종하겠사오니 써 주십시오. 아멘.

성군의 심히 미련한 행위

주께서 다시 이스라엘에게 진노하셔서, 백성을 치시려고, 다윗을 부추기셨다. "너는 이스라엘과 유다의 인구를 조사하여라."

삼하 24 : 1

다윗은 성군입니다. 시인이었고, 골리앗을 죽인 장군이었으며, 예수의 조상이며 하나님의 마음에 믿는 사람(행 13 : 22)이었습니다. 그런 다윗이 큰 실수를 크게 세 번 하였는데 첫째는 밧세바와 간음하고 그 남편 우리아를 살인한 일이며, 둘째는 아들들의 죄를 제대로 다스리지 못한 일이며, 셋째는 하나님께서 명하시지도 않았는데 인구조사를 한 것입니다. 인구조사를 한 것이 왜 큰 죄가 되는 것일까요? 성경에는 여호와께서 진노하셔서 이스라엘을 치시려고 다윗을 격동(incite)시켜 인구조사를 하라고 하셨다고 써 있습니다. 이 구절만으로는 상황이 분명하지 않습니다. 하나님은 아무도 시험하시는 분이 아닙니다(사람이 시험을 받을 때에 내가 하나님께 시험을 받는다 하지 말지니 하나님은 악에게 시험을 받지도 아니하시고 친히 아무도 시험하지 아니하시느니라. 약 1 : 13). 아마 마귀가 다윗을 충동하는 것을 허용하신 것 같습니다(사단이 일어나 이스라엘을 대적하고 다윗을 격동하여 이스라엘을 계수하게 하니라. 대상 21 : 1).

문제는 다윗입니다. 그의 말년까지 하나님께서 도우셔서 다윗왕국을 견고케 해 주셨는데 그래도 그는 자신이 이룬 업적이 정말 하나님께서 해 주신 일인지 자기에게 군사력이 있어서 그런 것인지 알고 싶은 유혹이 생긴 것 같습니다. 인구조사는 하나님께서 모세나 제사장을 시켜 하게 했는데 이번은 요압과 수하 군인들을 시켜 10개월 가까운(삼하 24 : 8) 시일을 요압 장군이 수도 예루살렘을 떠나 돌아다니며 인구조사를 하게 했습니다. 생각해 보면 다윗이 유혹에 빠진 것은 언제나 여유가 있어 옆을 돌아 볼 시간이 있을 때였습니다.

지도자가 범죄했을 때 받는 피해는 얼마나 큽니까? 인구조사 때만 해도 하나님께서 세 가지 벌을 말했을 때 다윗은 "차라리 우리가 주님의 손에 벌을 받겠습니다. 사람의 손에 벌을 받고 싶지는 않습니다."(삼후 24 : 14)라고 말하며 삼 일 간 온땅에 온역이 임하기를 구했습니다. 무죄한 백성이 얼마나 많이 죽었습니까? 죽은 자가 칠만 명이었습니다(삼하 24 : 15).

하나님이 불순종한 이스라엘 백성을 치시기 위해 다윗을 격동했다 할지라도 유혹에 빠지면 안 되는 일이었습니다. 다윗의 장점은 언제나 범죄했을 때 진심으로 하나님 앞에 사죄하고 용서를 받은 일이라고 합니다. 그러나 하나님의 용서는 죄악에 따르는 가공한 결과를 완전히 씻어버릴 수는 없었습니다.

특히 나라의 위정자들은 권력과 물질의 유혹에 빠지지 않게 노력해야 할 것 같습니다.

 기도

자비로우신 하나님, 죄가 내 안에 살고 있지 않게 하시고 내 속에 정한 마음을 창조해 주십시오. 아멘.

성경은 하나님의 감동으로 쓴 것

> 나의 겉옷을 원수들이 나누어 가지고, 나의 속옷도 제비를 뽑아서 나
> 누어 가집니다.

시 22 : 18

다윗은 시편 22편을 통해 "나의 하나님, 나의 하나님, 어찌하여 나를 버리십니까?" 하고 자기의 괴로움을 호소하며 자기를 보는 자는 자기를 비웃으며 '주를 의탁하니 구원하실 걸, 건지실 걸 하고 입술을 비쭉거린다.'고 말했습니다. 끝내는 자기 마음은 밀랍 같이 녹아내리며 자기 혀는 (목말라서) 입천장에 붙었다고 고통을 호소했습니다. 그뿐 아니라 그들은 자기 "겉옷을 나누며 속옷을 제비 뽑는다."고 말했습니다.

예수님께서 골고다의 십자가 상에서 당하신 고난과 똑같은 내용을 천 년도 전에 다윗은 어떻게 시로 읊을 수가 있었을까요? 이스라엘을 구하실 메시아를 간절히 고대하고 있던 때라 그 메시아는 이런 모습으로 고난을 받고 돌아가신다는 것을 예견하여 쓴 것일까

요? 이렇게 천 년 뒤의 일을 정확히 예언하는 다윗이라면 그 후손으로 예수가 태어나고 그가 구세주로 세상에 와서 죄 없는 자로 십자가에 돌아가시고 죄인들을 구속하시고 부활하시어 자기 제자들과 함께 천국 복음을 선포하신다는 것까지 알고 있었을까요? 아니면 우연히 이런 시를 썼는데 천 년 뒤 예수님에게 똑같은 사건이 생긴 것일까요? 구약 성경에는 십자가 처형 외에도 예수님의 탄생, 태어날 장소, 애굽으로의 피난, 예수님께서 돌아가신 이유, 은 삼십에 예수님을 팔게 된 사건, 부활 등 천 오백여 년 전부터 구체적인 예언이 많이 기록되어 있습니다.

그래서 예수님께서는 부활 후 엠마오로 내려가는 길에서 두 제자를 만나서 "그대들은 참 어리석습니다. 예언자들이 말한 모든 것을 믿는 마음이 참 무딥니다. 그리스도가 반드시 이런 고난을 겪고서, 자기 영광에 들어가야 하지 않겠습니까?"(눅 24 : 25-26)라고 풀어 말해 주었습니다. 시 22편은 다윗의 일생의 경험과는 먼 기사입니다. 왜냐하면 다윗은 예수가 십자가에서 당하는 고난 같은 그런 죽음을 경험하지 않았기 때문입니다. 아마 하나님께서는 다윗을 통해 오실 예수님을 후대에 전하고 싶은 뜻이 계셨다고 생각합니다. 다윗의 시는 이런 하나님의 뜻을 미리 느끼고 쓴 것입니다. "주의 영이 나(다윗)를 통하여 말씀하시니, 그의 말씀이 나의 혀에 담겼다."(삼하 23 : 2)라고 성경은 말하고 있습니다. 하나님께서 다윗의 혀에 말씀을 주셨는데 그때는 다윗이 그 뜻을 분명히 깨닫지 못했을지라도 천 년 뒤에 예수님께서 하늘의 비밀을 세상 사람들에게 열어 보여 주신 것입니다.

2006년에 이스라엘 과학자들은 마사다(Masada)에 있는 헤롯 요새에서 2000년 묵은 종려나무 씨를 발견했는데 그것을 싹 틔우는 데 성공하여 예수님이 예루살렘으로 입성할 때 썼던 바로 그 종려나무를 보게 되었다고 합니다. 그때 그 나무의 색깔, 아름다움, 약효 등은 지금과 같은 것인지 많은 연구대상이 되었으리라 생각합니다. 이렇게 2000년 동안 숨겨졌던 종려나무가 참모습을 드러낸 것처럼 예수님이 구약의 예언을 성취한 것입니다. "너희가 보는 것을 보는 눈은 복이 있도다. 내가 너희에게 말하노니 많은 선지자와 임금이 너희가 보는 바를 보고자 하였으되 보지 못하였으며 너희가 듣는 바를 듣고자 하였으되 듣지 못하였도다."(눅 10 : 23-24)라고 예수님께서는 제자들을 돌아보시며 말하였는데 옛날에 보고자 해도 보지 못한 것을 지금 보게 된 은혜의 시대에 사는 우리는 복된 사람들입니다. 그때는 거울로 보는 것 같이 희미했으나 지금은 얼굴과 얼굴을 대하는 것처럼 분명해졌기 때문입니다. 모든 성경은 하나님의 감동으로 쓰인 것이 분명합니다.

영원하신 하나님, 살아계신 하나님께서 역사의 사건 속에 자신을 계시하시고 고난의 뜻을 보여주심을 감사합니다. 아멘.

기도

크리스마스에 드리는 기도

하나님 아버지, 오늘은 아기 예수가 육신을 입고 지상에 오신 성탄일입니다. 하나님, 감사합니다. 때가 차서 많은 선지자들이 하나같이 예언한, 오실 예수님이 오늘 구유에 태어났습니다. 우리의 조상들이 그렇게 기다렸으나 만나보지 못한 메시아를 이제는 우리로 보게 해주시니 감사합니다. 아기 예수를 죽기 전에 보게 되어 감격한, 의롭고 경건한 시므온의 찬양이 오늘 우리의 찬양이 되게 해주십시오. 온 세상이 캄캄하여 어둠이더니 빛나는 영광으로 세상을 비추며 예수께서 오셨습니다. 여자의 몸에서 인간으로 나셔서 우리 죄를 대신하여 십자가에서 죽기 위해 오셨습니다. 부활하시어 주의 우편에 앉으시고 성령으로 우리를 인 치사 마지막 날까지 우리를 영화롭게 보존하시기 위해 오셨습니다. 주전과 주후를 나누는 역사적인 때에 주께서 탄생하셔서 죄인인 우리가 하나님과 화목하게 되었습니다. "지극히 높은 곳에서는 하나님께 영광이요 땅에서는 하나님의 기뻐하신 자들 중에 평화"가 임하기를 간절히 기원합니다. 할렐루야. 주여, 내 마음속에도 아기 예수가 탄생해 어두운 과거가 사라지고 하나님의 자녀로 사는 기쁨이 있게 해 주십시오. 세상의 지혜가 빛을 잃게 하시고 위로부터 오는 지혜를 사모하며 살게 해 주십시오. 새로 당선된 대통령에게도 예수의 탄생이 있게 하소서. 섬기는 예수님의 모습이 그에게서 드러나게 하시며 경제 대국의 꿈이 하나님의 뜻에 합하게 하소서.

태안반도의 원유유출 때문에 피해를 입은 백성들 마음에도 은혜의 성탄일이 되게 하소서. 그리해서 재난을 안타까워하고 측은히 여기는 하나님의 마음을 그들이 깨닫고 위로받게 하소서. 그곳에 나간 수만 명의 자원봉사자들 마음에도 예수여 임하시옵소서. 선한 일을 했다는 흐뭇한 생각을 넘어서 인간 구원의 역사 속에 그들에게 나타난 하나님의 신실한 목적까지 깨닫는 은혜가 있게 해 주십시오. 특별히 우리 교회 교우들에게도 오늘이 특별한 성탄일이 되게 하소서. 새해에는 교회가 새로운 모습으로 단장하고 출발하게 됩니다. 새 예배당보다 더 아름답고 성숙한 믿음을 갖게 하소서. 우리 마음속에서 아기 예수가 생명의 씨앗으로 자라면서 우리가 거듭나서 온전히 변화되어 새 사람이 되는 기념일이 되게 하소서.

말씀을 듣고 묵상할 때 혼과 영을 가르는 깨달음이 있게 하시며 날마다 죽고 날마다 거듭나서 예수님과 같은 모습으로 모르는 사이에 하루하루 변화되어 가기를 바랍니다. 그리하여 하나님 나라가 확장되고 이와 같은 변화로 이 세상을 향해 하나님 나라를 선포할 수 있게 하소서. 경배합니다. 찬양합니다. 주여, 아기 예수로 우리 마음에 오시옵소서. 예수 그리스도의 이름으로 기도합니다. 아멘.

2007년 12월

오정교회 대표기도

하늘에 계신 하나님 아버지! 오늘도 하나님의 자비로 저희를 불러 주사 예배하게 하시니 감사합니다. 우리의 찬양과 기도와 헌신 가운데 주의 보좌를 펼치시고 주의 얼굴을 우리를 향해 비추시며 찬양 속에, 기도 속에, 말씀 속에 주님을 나타내 주십시오. 세속에 물든 저희 심령을 주의 보혈로 정결케 하시며 정결한 영을 새롭게 해 주십시오.

우리에게 하나님을 만날 수 있는 거룩한 만남을 허락하신 것을 감사합니다. 주님께서는 저희에게 육체를 위해 심는 자가 되지 않고 성령을 위해 심는 자가 되게 하셨습니다. 썩어져 가는 옛 습관을 버리고 거듭나게 하셨습니다. 그러나 우리는 무거운 짐을 주 앞에 내려놓지 못하고 늘 우리 힘으로 우리 앞에 당한 어려움을 해결하려고 괴로워하고 있습니다. 주 앞으로 나는 가까이 다가가지 않고 주께서 오셔서 우리에게 복 주시고 우리가 계획하고 있는 일을 도와달라고 기도하고 있는 이기적인 사람들입니다. 우리의 전쟁은 주의 것입니다. 주를 즐거워하고 주만 찾게 해 주십시오. 기도할 때마다 주의 뜻을 살피게 해 주십시오.

우리에게 귀한 영적인 공동체를 주신 것을 감사합니다. 우리는 다 하나님의 사랑을 받은 권속들입니다. 우리는 서로 모여 말씀을 듣고 찬양하고 기도할 때 하나님께서 같이 계신 것을 느낍니다. 우리가 주의 말씀을 순종하고 사는 하나님의 백성임을 느낄 때마다 천국을 미리 체험하는 기쁨으로 떨립니다. 성령의 집인 우리들 한 사람, 한 사람이 이와 같이 연합하여 함께 하나님이 거하실 처소가 되어 간다고 생각하니 너무 기쁩니다. 주여, 우리에게 주를 섬기는 기쁨도 주십시오.

우리에게 영혼의 변화를 주신 것을 감사합니다. 날마다, 날마다 조금씩, 조금씩 예수 그리스도를 닮아 가는 우리가 되게 하심을 감사합니다. 우리를 세속에서 성스럽게 구별하여 주십시오. 예수 그리스도 안에 있는 생명의 성령의 법이 죄와 사망의 법에서 우리를 해방시켜 주신 것을 감사합니다. 주님께서 인 쳐 주셨으니 부활의 날까지 우리를 영화롭게 보존해 주실 것을 또한 믿습니다.

교회를 위해 기도합니다. 재정적으로 어려운 한 해가 되겠지만 기관마다 행사를 최소화하고, 육체의 마음에 원하는 것을 삼가고 허리띠를 졸라매고 기도하는 한 해가 되기를 빕니다. 하나님께서 예수 그리스도 안에서 영광 가운데 풍성한 대로 우리의 쓸 것을 채우실 것을 믿습니다.

극동방송을 통해 목사님의 설교를 청취하는 모든 분들이 하나님의 말씀을 받아들일 준비된 영혼들이 되게 해 주십시오.

나라를 위해 기도합니다. 이 나라의 지도자가 하나님을 두려워하며 주께 거슬리는 행정을 하지 않기를 바랍니다. 또한 교계에서는 의문에 속한 계명의 율법으로 통치자를 괴롭게 하지 않기를 빕니다. 예수 그리스도의 이름으로 기도합니다. 아멘.

2008년 1월 27일

오정교회 창립 기념예배 대표기도

하나님 아버지, 저희의 걸음을 인도해 주시고 오늘 교회 창립 56주년 기념예배를 드리게 하시니 감사합니다. 삼성교회를 다니던 오정리 교인들이 56년 전 최복락 장로댁에 모여 우리노 우리 교회를 갖자고 시작한 것이 이렇게 크고 아름다운 교회로 발전하였습니다. 이제 최세영 목사님을 모시고 중흥의 기틀을 마련하였습니다. 이 예배당에서 많은 영혼들이 구원받기를 원합니다. 총회에서 세 번이나 총회장을 역임하신 초대 당회장 이자익 목사님의 영도 하에 우리 교회는 많은 목회자와 학자와 신실한 신앙인들을 배출하였습니다. 앞으로도 성령에 의해 결합되고, 말씀과 기도와 성례와 교제의 기능을 다 하며 예수 그리스도를 믿는 참신자들이 그리스도의 몸을 세워나가기를 간절히 기원합니다.

　우리 모두가 겸손하고 낮아지고 작아져서 온전히 하나님의 품에 안길 수 있게 되기를 빕니다. 내가 약해져서 하나님의 사랑과 능력에만 의지하게 하소서. 내가 죽어서 내 안에 하나님만 살아계시게 해 주소서. 내가 가는 곳에 나의 영광이 아닌 하나님의 영광만이 드러나게 해 주시기를 빕니다.

　이제는 우리 마음을 크고 넓게 해 주십시오. 그리해서 1000명의 성도들을 하나님의 사랑으로 우리 품에 안을 수 있게 해 주소서. 허물과 죄를 용서할 수 있게 하시고 속 좁은 종교인으로 살지 말게 하시고 하나님의 자녀로 사는 넓은 도량을 주십시오. 나와 생각이 다른 사람도 하나님의 사랑을 받는 한 형제라는 것을 인정할 수 있게 하소서.

　나라를 위해 기도합니다. 유류파동으로 심한 경제 침체기를 맞게 되었습니다. 사업이 도산되고 살 길이 막막해질 때 위로해 주시고 우리가 기도로 돕는 이웃이 되게 해 주십시오. 위정자들에게 이 고유가 시대를 슬기롭게 넘기는 지혜를 주십시오. 금강산 관광객의 피살로 이북과의 관계가 냉각되었습니다. 굶어 죽는 사람이 속출하는 그곳과 다시 화해의 길이 열리게 해 주십시오. 터무니없는 독도 영유권 주장으로 일본과의 관계가 험악해졌습니다. 극한적인 대결이 없도록 우리의 불안을 거두어 주십시오. 대통령에게 지혜를 주시고 온 국민들이 초당적으로 협력해서 이 위기를 극복할 수 있게 해 주십시오.

우리 교회를 위해 기도합니다. 아주 적절한 시기에 건축을 시작함으로 저렴한 값으로 이 큰 예배당을 짓게 되었습니다. 그뿐 아니라 우리 모두에게 감당할 만한 능력도 주셨습니다. 하나님께서는 이 예배당에서 행복하고 충성스런 오정교인들이 사역을 감당하는 것을 기뻐하신다고 믿습니다. 혹 건축으로 부담감을 주실 때 우리가 기쁘게 감당하게 해 주시고 혹 열심이 특심하여 금으로 공력을 쌓기를 서원하는 분에게도 구원받은 자녀를 사랑하는 하나님의 사랑으로 평안함을 주시옵소서.

주일 아침 11시마다 극동방송을 통해 이 담임 목사님의 말씀을 듣는 청취자에게도 오직 은혜로 구원의 메시지를 받아들일 수 있게 되기를 빕니다. 예수 그리스도의 이름으로 기도합니다. 아멘.

2008년 7월 27일

하나님, 아버지, 하나님의 은혜로 저희를 모아 주시고 반가운 얼굴을 마주하게 하시며 주님을 예배하게 하시니 감사합니다. 오늘도 저희와 함께 하시며 주의 계시로 하늘나라의 큰 비밀을 깨닫게 해 주소서.

우리의 예배당을 이렇게 아름답게 짓게 하시니 감사합니다. 이곳에서 아버지의 이름을 거룩하게 하고자 소리 높여 찬양을 드리오니 감사와 기쁨으로 드리는 이 헌신을 받아 주소서. 우리 각자는 성령이 계시는 집인 것을 믿습니다. 이 성전들이 모여 서로 연결하여 몸 되신 예수 그리스도와 함께 하나님이 사시는 집으로 지어져 가고자 하오니 주여, 우리들의 공동체를 보살펴 주소서. 우리가 주신 은사대로 서로 섬기며 사랑하며 각 개체가 시들지 않고 깨어 있기를 빕니다. 아침 일찍부터 밤늦게까지 부지런히 뛰지만 바쁘고 정신없이 달리는 이 세상의 일에 묻혀 영적으로는 무감각해지고 어쩌면 하나님 보시기엔 눈은 떴으나 자고 있는지도 모릅니다. 말씀에서 멀리 떠나 있지 않게 하시고 늘 말씀과 함께 살며 깨어 있게 해 주소서.

오늘 밤부터 수요일 밤까지 한덕수 목사님이 부흥 사경회를 인도하십니다. 목사님에게 우리 교인들의 영혼을 사랑하는 마음을 주시고 영력을 주시어서 그 입을 통해 나오는 말씀마다 하나님의 말씀이 되게 해 주소서. 우리는 열린 마음이 되게 하시고 준비된 영혼이 되게 하셔서 말씀이 하나도 땅에 떨어지지 않게 하시며 깨닫고 실천하는 우리가 되게 해 주소서. 주님의 음성으로 우리를 흔들어 깨우셔서 환난의 날에 깨어 있게 해 주시고 그 말씀으로 생각이 바뀌고, 우리의 언행이 바꿔고, 우리가 성숙한 모습으로 바뀌어서 우리를 통해 주께서 행하시는 기적을 체험하게 해 주소서.

이 부흥사경회 기간 동안 우리가 하나님을 만나는 체험을 하게 하시고 그분과 대화하는 기쁨을 맛보게 해 주소서. 부흥회 기간만 흥분해서 깨어 있지 않게 하시고 그 후로도 주께서 우리 안에 살아 계셔서 피 흘려 우리를 구원하신 그 구원이 얼마나 값진 것인지를 깨달아 감사하며 살게 해 주소서. 또한 마지막 날 영광의 보좌를 약속 받고 살고 있사오니 그 과정 속의 매일 매일을 어떻게 살아야 할 것인지 하늘에서 내려온 지혜를 주시기 바랍니다. 성화의 길을 걸을 때 그것이 바로 세상 사람들에게 그리스도의 편지가 되게 해 주소서. 주님이시어, 오셔서 나와 함께 사시며 나의 걸음을 끝까지 인도하여 주시기를 빕니다.

주의 은혜로 일찍이 귀한 담임 목사님을 우리 교회에 보내 주신 것을 감사합니다. 오늘 말씀을 풀어 주실 때에도 성경을 새로운 각도에서 볼 수 있는 깨달음을 주시고 노다지를 발견한 기쁨에 황홀해지게 하소서. 이 설교를 극동 방송을 통해 듣는 중부권 청취자들에게도 하나님의 은혜가 함께 하시기를 간절히 빕니다.

시온 성가대의 찬양을 기쁘게 받아 주소서. 주께서 은혜와 말씀을 내려 주실 때에 우리는 찬양과 기도와 헌금을 감사한 마음으로 올려 드리오니 이 아름다운 예배를 축복하소서. 예수 그리스도 이름으로 기도합니다. 아멘.

2008년 11월 2일